從走路開始，
[illegible]為破4的路跑全攻略

金哲彥

葉東哲——譯

3時間台で完走するマラソン

【來自各界跑友的推薦】

（依姓氏筆劃順序排列）

看在我眼裡這本書根本在發光！

幾年前開始跑馬拉松後，透過愛跑步的日本圖文作家高木直子小姐關係，認識了金教練，在高木小姐的圖文中，他教會了我幾個重要的跑步技巧，直到現在都很受用，內心也常默默期盼著：「什麼時候金教練也能當我的教練啊～」太好了！現在終於讓我盼到金教練的跑步書，人人都有金教練這位金牌教練了！幽默、易懂的教學方式讓原本難意會的跑步肢體運用變得簡單、好掌握，從走路開始到有關於馬拉松我們想知道的、有疑問的，金教練在書裡一口氣全解惑了，看在我眼裡這本書根本在發光，一旁還搭配著高音女聲樂：「如獲至寶♫～」

揮汗推薦給只是想跑步、已經在跑步、全馬要跑進四小時的你。

馬克媽媽（作家・跑者）

了解自己的條件與能力，按照自己的練習條件去自己排課表練習

對於跑步，金教練和我有著諸多共同的觀點，例如我們都建議市民跑者從走路開始練習起，建立正確的跑步基礎，又例如對鍛鍊核心肌群都非常重視，認為跑步時軀幹的肌力決定了跑步的姿勢、有了足夠的核心肌力，跑步時才不會左右搖擺，能保持重心不下墜。許多跑步者跑姿沉重，就是肇因於核心肌群不足，跑步時無法長時間挺腰前進，上身軀幹也無法保持適度的前傾，下腳時無法保持在身體的正下方之故，這些都有賴於核心肌群的鍛鍊才能改善。

儘管金教練有訓練出世界級的選手的實績，但是在高階的訓練領域裡，其實是很個人化的，不同的選手有不同的訓練方式與內容，這部分很難表達得很清楚，一般市民跑者也不宜按照高階選手的課表練習，因為彼此的條件有重大差異，照著練沒有應有的效果也容易受傷。一般業餘跑者要進步，只有吸收更多的跑步知識，更了解自己的條件與能力，按照自己的練習條件去自己排課表練習。這本書的功能就是讓一般跑者能充實跑步知識，適合給想跑馬拉松的人閱讀。

郭豊州（《郭老師的跑步課》暢銷作家）

熟讀後不但能避免運動傷害、更能增加練習成效！

在四小時內完成馬拉松絕對不是一件簡單的事，但要達成它卻也沒那麼遙不可及，而關鍵就在於正確的運動觀念、與循序漸進地努力鍛鍊。這本書幾乎將所有馬拉松的必備知識整理完成了，熟讀後不但能避免運動傷害、更能增加練習成效！跑馬拉松是身、心、靈的提升，也是改變自我的挑戰；一步一步來，你將會看到自己的改變。

歐陽靖（作家．馬拉松跑者）

目錄

前言

全程馬拉松的意義

抵達終點前的漫長時間裡，我們必須要用堅強的意志去克服這個大家都得平等面對的痛苦才行。脫下世俗的外衣，一個人他最赤裸裸的原始感情，會被投射在此。所以抵達終點時的那份成就感，會比其他任何事都還來得更幸福吧。

我相信面對了內心深處純真的自己，才能換來這份難得的喜悅。

每個人都可以跑全程馬拉松

「大家都可以跑得完全程馬拉松！」

如此斷言，一定有很多人會反駁說「沒有這種事吧」。但這是事實。從初學者喜愛參加的檀香山馬拉松可以看出，年齡的問題其實不大。曾經在這比賽裡看過不到十歲的孩子被爸爸牽著手跑步，也看過高年齡（在二〇〇五年曾經有九十歲！）的跑者，每年在那裡都會有令人驚訝的發現。

男女之間也沒有甚麼差別。一般常會聽到，女生的肌耐力不如男生，所以在各種運動裡女生的表現也會不如男生。但是在馬拉松裡顛覆了這種說法。曾經有一對夫婦一起參加檀香山馬拉松，最後竟是嬌小的太太比擅長運動的先生還快跑到終點。像這樣的例子其實很多。

所以馬拉松是不分男女老少，是一項大家都可以平等地去挑戰的運動。

但是，這有條件。那就是必須「身心都要健康」才行。

沒有健康的身體，不要說跑完全程，連站到起跑線上都很難。

但是，難道過著不健康的生活就沒有資格跑馬拉松嗎？

身體不健康，的確是沒辦法讓人充滿自信地站到起跑線上。但是抱著要挑戰馬拉松的決心，然後慢慢去改善自己生活的話，對身體一定會產生好的變化。

就算現在是不健康的狀態，但還是可以堅定要挑戰全馬的意志，去付出行動。只要踏出了第一步，就會發現自己身體從未有過的狀態（也許一開始會覺得自己很沒用）。然後只要持之以恆，慢慢會轉變成可以跑完全馬的身體。

最後，你會發現身心都變得健康。挑戰馬拉松是會帶給我們健康的。

跑馬拉松很痛苦？

「馬拉松！我辦不到啦！」

事實上，很多人都不喜歡跑步，這是為甚麼？

通勤或是上學的途中，稍微爬一下樓梯就上氣不接下氣，這時我們會對自己的身體沒有自信。再加上在學生時期，被強迫參加校內馬拉松，總是只有痛苦的回憶。也許就是這種經驗助長了對馬拉松的痛苦印象。

甚至曾經被體育課的老師說：「罰你跑校園二十圈！」我們對跑步一直像這樣被植入

了負面的印象。除此之外，喜歡《巨人之星》的年齡層，一想到意志力的訓練一定會聯想到要半蹲跳或是跑馬拉松吧。

在小孩運動會的親子接力賽裡常常會看到，以前曾經是運動健將的爸爸不是被繩子纏住絆倒，不然就是弄斷阿基里斯腱的例子。甚麼準備都沒有就突然跑步的確是很危險。面對著鏡子看著衰退又肥胖的身體，自暴自棄的想說：「馬拉松！我辦不到啦！」這也許是很自然的反應也不一定。

馬拉松的理論

我不否定不喜歡跑步的人保持的「痛苦」印象。

馬拉松無庸置疑是一個會伴隨痛苦的運動。就算是一流的選手也沒有人能哼著曲子跑完 42.195 公里。這就是馬拉松。

但是我們會聽到一些例子，就是幾個月前根本沒想過會跑步的人，發現他竟然跑完了全程馬拉松。相信其中有沒做甚麼練習，全程都用走的狼狽到達終點的人吧（在檀香山馬拉松裡很多這樣的人）。

所以沒有勇氣跑馬拉松的人，或是接下來想挑戰它的人，我希望可以稍微改變你們對馬拉松＝痛苦的印象。

不顧一切盲目地去跑步或許會碰到許多痛苦的體驗，但只要能了解馬拉松正確的理論，痛苦的程度不只是會減半，甚至會變得很快樂。馬拉松，乍看之下只是單純地在跑長距離，但其實內含探索到身心深處的理論。

在過去參加的路跑賽裡，幾乎是用走的才跑完全程的人，如果能理解正確的理論，並照著做準備的話，相信在下一場路跑賽裡一定可以跑得更好。

這本書的目的在於，讓這樣的人能夠去理解並實踐，跑完一場馬拉松所需的正確知識和訓練的理論。

成就感

馬拉松的魅力是一言難盡的。那是因為跑過馬拉松的人各自都有自己的感想。大家跑步的動機都不一樣，最終目標也都不同。如果硬要找出個共通點，我想那就是沒有任何東西可以取代的「成就感」。

人，可以從各種事情得到「成就感」。比如說，像完成一份工作或是完成一個作品時，那份成就感會帶領人朝向無比幸福的境界。

那背後的理由是甚麼？我想那是因為成就感會牽動我們心裡的琴弦吧。

心理學家馬斯洛（Maslow）主張人類的需求可分為五個層次。而五個層次的最高等級是「自我實現需求」。我想「成就感」這感情就是來自這裡。「自我實現」是人人都會想要實現的最高慾望吧。

但是要嚐到成就感的過程往往都不輕鬆。完成工作或是要完成一件作品也是，都有它辛苦的地方。而馬拉松的辛苦會伴隨著肉體上的痛苦。

人人平等，每個人都會面臨辛苦的事。不管是有錢或貧窮，社會地位高或低，長得漂亮或是不漂亮。這些都沒有關係。

抵達終點前的漫長時間裡，我們必須要用堅強的意志去克服這個大家都得平等面對的痛苦才行。

脫下世俗的外衣，一個人他最赤裸裸的原始感情，會被投射在此。所以抵達終點時的那份成就感，會比其他任何事都還來得更幸福吧。

我相信面對了內心深處純真的自己，才能換來這份難得的喜悅。

四小時內跑完全程馬拉松

破○○是一道牆

跑完42.195公里的選手一定都會有一個紀錄。有聽過「破4」這個詞嗎？對沒跑過馬拉松的人來說，是一個很陌生的詞。所謂「破4」就是要在四小時內跑完一場全馬——也就是指要以三小時多的成績跑完。同樣的破5就是指未滿五個小時，破3就是指未滿3個小時的意思。

體驗過初馬的人，下個階段的目標會放在挑戰「紀錄」上。

舉例來說，假設有一個人他的初馬花了七個小時。他記取了在這場初馬裡經驗到的痛苦之後，在下一場比賽裡就會變得比較慎重。總之會比跑初馬的時候會更加緊努力去練習。最後有人一口氣縮短三十分鐘的個人成績，甚至有很厲害的人竟然縮短個人成績一個小時多。

雖說是縮短一個小時的成績，但如果以平均速度來講的話，其中可能只有一點差別而已。達成紀錄的原因也許不在於他提高了平均速度，反而有可能是因為在比賽途中因為沒有停下來而節省了時間。

看著自己的紀錄慢慢縮短，心裡會產生新的一個目標。要設定目標，簡單的算法最容易懂。破5之後就要破4，破4之後就是要破3，會想要去克服一道接一道牆。

破4的速度

稍微用心去練習的話，要達成破5並不難。但對抽不出完整的練習時間的人來說，破4會是一道牆。

但是破4是可以靠努力和花一些功夫達成的。對市民跑者來說，算是剛剛好的目標。順帶一提破3是沒辦法靠隨便的練習達成的。破3的意思是和菁英選手一樣要在兩小時多的時間跑完才行，這對市民跑者而言是憧憬的成績。事實上，在日本市民跑者裡每年只有幾個百分點的人可以達成破3。

話題回到破4。

簡單來計算一下要達成破4的速度。首先，一公里的平均速度大約會是5分40秒。跑五公里平均大約要28分20秒，跑半馬（21.0975公里）差不多跑將近要2小時。對沒有跑過路跑賽的跑者而言，也許不是很容易理解一公里或是五公里的平均時間。

相信只要跑過一次半馬，應該都會記得自己的成績吧。不知道你是否在兩個小時內完成。

如果半馬可以在1小時50分左右跑完的話，在全馬裡也有可能達成破4。但是半馬的成績超過兩小時，要達到破4就滿難的。另外，半馬的成績剛剛好破2小時的跑者，要達到破4也很難。

全馬以距離來說雖然是半馬的兩倍，但以腳力來說，沒辦法單純的乘以兩倍來看。要達成破4，必須保留足夠的餘力通過中間點才行。

順帶一提，一公里5分40秒的速度比一般市民跑者在慢跑時還快。那種感覺就像是狀況好的時候的快跑吧。

從數字看破4的跑者

具體來說，有多少市民跑者能在四小時內跑完全馬？以二〇〇四年檀香山馬拉松的數據來分析。

在檀香山馬拉松沒有時間限制，所以第一名和最後一名之間的差距很大。在日本國內，時間限制在五小時的路跑賽居多，在日本有跑者因為跑不完流淚飲恨，光是這一點就和檀香山馬拉松差很多。

二〇〇四年的檀香山馬拉松裡跑完全程的跑者有二萬二千三百八十八人。其中男生第一名的成績是2小時11分12秒，女生第一名的成績是2小時27分33秒，而跑最慢的選手竟然花了15小時00分07秒！這大會真是窩心，竟然會等選手十五個小時。

接下來以成績分別來看人數。

3小時以內跑完的跑者　130人（0.58%）

3～4小時跑完的跑者　2160人（9.64%）

4～5小時跑完的跑者　5536人（24.72%）

5～6小時跑完的跑者　5876人（26.24%）

花6小時以上跑完的跑者　8686人（38.79%）

當然會隨著氣象條件統計的數字會變動。但大致而言就是這樣。以檀香山馬拉松為例，要達成破4意味著在排名上必須要擠進前10％才行。

這個成績對馬拉松跑者而言，可以說是值得驕傲的成績。

無法脫離數字

馬拉松就是去挑戰紀錄，而順利達成的人會得到各種獎賞，如健康、成就感。當然，不追求紀錄，只跑完全程也一樣可以達到滿足感。

但是跑者只要體驗過一次更新紀錄時的那份喜悅和未達成目標時的悔恨感，就會變得會去在意練習的距離數（一個月的練習距離）和比賽成績。透過自己的毅力和努力，刻劃出的每一秒或是每一公里，都包含它的重要性，這比表面上的數字還更具有意義。說誇張一點，馬拉松是無法脫離數字的。

從興趣開始跑了很長時間之後，常常會在成績上遇到瓶頸。也常常有跑步過量而受傷的人。這樣的煩惱，對沒跑步的人來說是不痛不癢的事，但對跑者而言，是很嚴重又痛苦的事。本來是一個健康又快樂的馬拉松，如果變得如此痛苦，這真的是本末倒置。

跑步的優點在於一個人就可以簡單輕易做到的便利性，但反過來說，缺點是有煩惱時沒辦法找人求救。

針對有這樣煩惱的跑者，或是接下來想要跳入馬拉松這未知的世界的初學者，我希望你們可以理解馬拉松的基礎和正確的理論，希望大家都能過著快樂的跑步人生。

本書從第1章的「配備」開始，網羅了「跑姿」、「比賽管理」、「比賽中的疼痛」、「練習」、「養護身體」、「減重」、「營養」等有關跑步的全部要素。快要參加比賽的跑者可以參考第3章的「比賽管理」，相信可以派上用場。也建議正在復健的跑者，可以先從第6章的「養護身體」開始讀起。

為了讓所有的讀者能在路跑賽裡成功，希望大家都能充分地利用本書。

第 1 章

裝備

好不容易爸媽買了渴望已久的跑鞋給我，第一次穿上時的那份感動我永遠忘不了。形容「腳長出了羽毛」也許比較貼切。當時實在是高興過頭，穿著鞋子到處跑。當然更不用提這比當年我光著赤腳還好跑許多。

從選好的鞋子和衣服開始

跑鞋是必需品

最近幾乎再也看不到有人穿著跑鞋以外的鞋子在跑步了。十幾年前，我曾在國內外的路跑賽裡看過穿著網球鞋、籃球鞋跑步的「勇者」。

並不是在說網球鞋、籃球鞋不好。而是以運動的種類而言，完全不適合這個需要不同動作的慢跑運動。

現今跑鞋變得非常高功能性。再加上透過雜誌關於慢跑的知識也普遍化，因此對鞋子的觀念也被改了過來，比較少有人會抱著錯誤的想法了。所以現在再也沒有人會穿著籃球鞋跑馬拉松了吧。

對沒有穿過跑鞋的人來說，建議可以先去賣慢跑裝備的商店走走。有機會的話試著穿跑鞋以外所謂「休閒鞋」來試跑做比較。不論是輕便程度、耐衝擊的程度、合腳的程度，兩者之間有著天壤之別。想必一定可以體會出跑鞋是必需品。

過去的跑鞋

「赤腳一定跑得比較快。」

這是我念小學時的感想。和爸媽在超市買給我、印有漫畫英雄圖案的滑底尼龍鞋相比，接近原始的狀態赤腳跑步的確是不滑而且輕便。

但是遇到真正的跑鞋之後，我的想法有了一百八十度的轉變。慢慢的有跑鞋這個概念的當時，鬼塚公司（現在的亞瑟士）推出了新的產品。以當時的價格不算便宜，也並不是一個剛開始跑田徑的少年可以輕易的跟父母要到的東西。

好不容易爸媽買了渴望已久的跑鞋給我，第一次穿上時的那份感動我永遠忘不了。形容「腳長出了羽毛」也許比較貼切。當時實在是高興過頭，穿著鞋子到處跑。當然更不用提這比當年我光著赤腳還好跑許多。

當時我只穿過布製的鞋子，跑鞋柔軟的包住腳的感覺是如此美好，扎實抓地感是那麼的讓人感動。

不只是跑鞋的元祖亞瑟士／鬼塚而已，現在的跑鞋和當時相比在功能上進化了好幾倍。

Sole and Upper

現在運動用品店的跑鞋專櫃令人眼花撩亂，陳列了各家廠商的商品。而且那就像汽車一樣每年都在更新款式。

在店裡首先會依廠商分開陳列商品。每家廠商都會獨自開發技術，會全面打廣告推銷新技術。技術的重心，也就是一雙鞋子的關鍵之處，那就是sole的材質和形狀。

Sole就是鞋底的意思。鞋底可以分成外底、中底、內底的三層（見上圖）。內底很多都可以拿下來，在市面上買得到具有各種功能的跑鞋。再加上也可以依個人的腳型去特製加工成「世上僅有」的東西。

三層鞋底

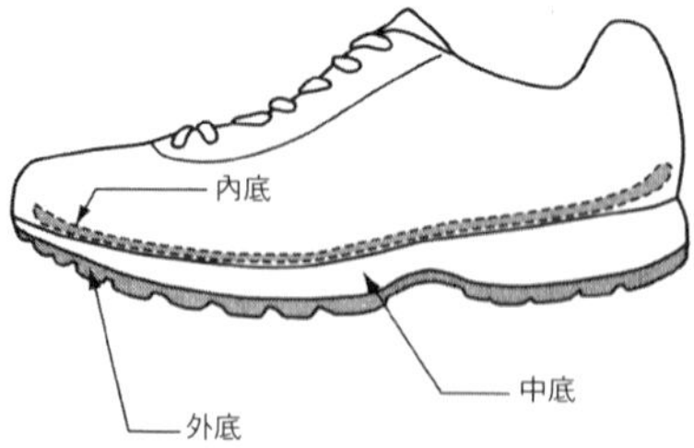

鞋底的功能首先當然就是吸收跑步時的衝擊力。除此之外，如果可以再提升跑步時往前的動力那會更好。

常常會說，跑步踩地時的衝擊力是一個人體重的三倍，對一個人的腰和腳都是一大負擔。首先，鞋子可以幫我們緩和如此大的衝擊力。

跑鞋的外底和中底常常以生樹膠等等為素材被使用。最近則是以聚氨酯為主流。為了防止磨耗，調整衝擊的吸收力，常常會混合聚氨酯和橡膠這些主要原料。微妙的混合比例會讓單純的素材轉變成優秀的鞋底。

特別是密封在中底內的衝擊緩衝劑也充滿各家廠商自己的特徵。有用隔離軟膠（sorbothane）、膠體（Gel）等新素材的跑鞋之外，也有使用氣墊的產品。

接下來是upper。

Upper是指包住腳的上層鞋面。過去曾有棉製的，但最近大多以合成纖維編織成網目狀為主流。依網目的大小之別，鞋子的重量和通氣程度也會有微妙的差別。這裡正是凝聚了各廠商的用心和努力。

鞋面的補強

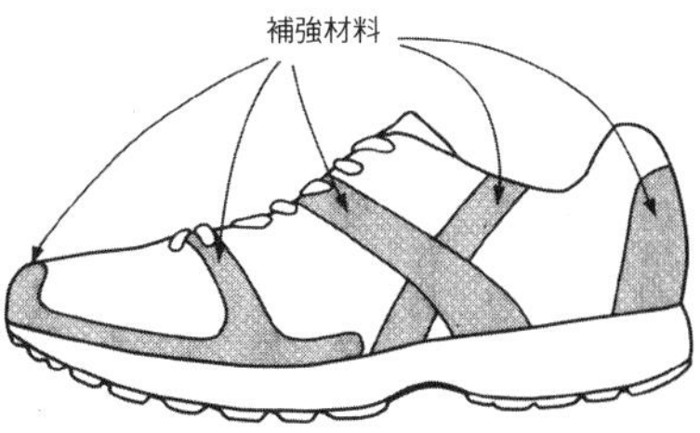

鞋面的基本功能是加強防止跑步時的扭曲和增加合腳的感覺（見上圖）。這部分也依各家廠商開發出了各種形式。

除此之外，跑鞋少不了的綁鞋帶的部分——鞋帶下面保護腳背的「鞋舌」和鞋帶本身也是重要的。

成功的組合這些素材，用線縫合，用接著劑固定之後，鞋面和鞋底才結為一體。

這時候重要的是叫做「鞋楦」的骨架。鞋楦本身依腳的大小會有很多種，但歐美人和東方人的腳型本身差別很多，所以就算是以世界標準開發出來的鞋子，也會依地區的不同使用不同形狀的鞋楦。甚至也有廠商推出可以選寬楦的款式。

部分的頂尖選手他們會穿世界僅有的跑鞋。這些是靠一流的師傅訂作的，沒有尺寸不合等問題發生。但是一般的市民跑者，就只能從各家廠商推出的商品中去選擇適合自己的鞋子。

為了要有舒適的跑步生活，要選怎麼樣的鞋子是一個重點。

選鞋時的重點

選擇跑鞋時，希望可以特別注意以下的幾點。

首先是鞋底的厚度、形狀、彈性。

跑鞋的重點在吸收衝擊力的功能，這主要是取決於鞋底的材質和構造。這也是經過各家廠商不斷研發，開發出獨自技術的部分。實際穿了以後會發現，各家廠商的鞋底都有它的特色。有加強安定性的鞋子，也有把衝擊力轉化成助力的鞋子，十分多元。

建議可以拿放在專櫃的宣傳簡介去研究比較，依照自己的體重、腳力、跑步的方法，看哪一家廠商的跑鞋吸收衝擊力的技術比較適合自己。

做跑鞋的幾家大廠商有亞瑟士（ASICS）、美津濃（mizuno）、耐吉（Nike）、愛迪達（Adidas）、銳跑（Reebok）、紐巴倫（New balance）等等廠牌。

如果有鎖定想要的牌子，接下來就要從那廠商的款式裡，選一些適合自己的腳力和目的性的鞋子。

鞋子的款式大致會分初學者、中級者、上級者專用的鞋，甚至有廠商會具體的打出這是「要在全馬破3」的鞋，也有「接力賽專用的鞋」等指定用途的鞋。

鞋底通常是越厚吸收衝擊力的功能也越大。但反過來看，對上級者來說會有鬆軟的感覺。像初學者，腳力比較弱、體重又重的跑者，應該選一雙厚底又結構扎實的跑鞋會比較好。

相對的越到了上級者，會練出腳力，體重也會變輕。跑步時的步伐也會增加，所以相較於初學者，比較適合輕薄，鞋底比較硬的跑鞋。

接下來談談合腳的感覺。

愈合腳，腳和鞋子會產生一體感。這會讓跑步的時候產生一種安心感。跑步時最常遇到問題——起水泡，原因不只是在透氣的問題，合不合腳其實也影響很大。

合腳的鞋子，往往上層鞋面的材質切面的曲線會迎合腳的形狀。補強部分的縫線也會被適當的處理。穿鞋時不會覺得哪裡不舒服。甚至有些好的跑鞋做到讓你產生以為穿的是襪子而不是鞋子的錯覺。

連接上層鞋面和鞋底部分的接合技術也很重要。最近的主流是透過袋縫的方法，以上層鞋面包住腳的構造來增加合腳的程度。

一雙鞋合不合腳，實際去店裡試穿就可以知道。腳和鞋子只要感覺到一體感就算及格。

第三個重點是，跑步後半段的安定感。

跑長距離的過程裡，腳的形狀會有小小的變化。再加上長時間的運動會增加體溫，腳會膨脹。在馬拉松的後半腳沒力時，鞋子的機能會帶給跑者微妙的影響。

好的跑鞋，到了比賽後半功能也不退化，會適度的帶領你到終點。穿不好的跑鞋跑步，在開跑之後雖然可以跑得很順，但是到了比賽後半，平衡感會慢慢被影響。這是因為上層鞋面和鞋底的基本構造較弱、太柔軟的關係所導致的。

針對比賽後半的安定感，只能在練習裡實際跑長距離，或是參加半馬或是比半馬還長的路跑賽才能體會得出來。

買了中意的鞋子參加路跑賽，如果在比賽後半感覺不對勁，建議之後可以換其他鞋跑跑看，至於這雙就用在簡單的慢跑練習就可以了。

換鞋的時機

跑鞋是要和你的腳一同跑完路跑賽的最佳「馬吉」，也是跑步裝備裡最重要，最需要做功課研究，不能輕易妥協的一項。優秀的跑鞋會帶來安全又舒適的跑步。

在路跑賽裡跑出好成績時我們會對那雙鞋子特別有感情，而花將近日幣一萬元購買的鞋，我們也會希望可以穿久一點。

但是跑鞋長時間處在嚴厲的情況下，鞋底不是被磨平，就是上層鞋面歪掉，甚至磨破等等……跑鞋是消耗品。

據說對一個月跑一千公里的菁英選手來說，他們一個月就穿壞一雙鞋。為了比賽特別設計的輕型鞋，在耐久性上比較弱，所以也有「穿一次就不再穿第二次」的選手。

市民跑者應該是不用到這地步。但是鞋底被磨到傾斜，或是鞋子內側（特別是大拇指的掌指關節的部位）磨損時，建議不要再繼續穿下去會比較好。

就算外表整體上沒問題，但一旦跑鞋的功能減弱時，為了預防受傷還是建議換一雙新鞋。

另外也有一個辦法。不要一直穿同一雙鞋，先買好幾雙鞋底不同厚度的鞋放著，再依練習的內容分開使用。

可以依目的分柏油路硬地專用、比賽專用、越野專用。這樣的話可以延遲一雙鞋的消耗速度，而且依照練習換鞋又有預防受傷的作用。

商店

初學者為了要選適當的跑鞋，最好還是參考具有正確知識的店員的建議。雖然在百貨公司也有賣，但還是希望你能到離家近的運動用品店，或是專門賣跑鞋的商店，去找對跑步熟悉的店員，聽聽他們的介紹會比較好。

店員不只是對商品有豐富的知識，如果他們自己本身是跑者的話那更好。根據經驗證實過的建議往往都具有說服力，他們的跑步經驗愈多，相信愈能幫你解決各種疑難雜症。

使用好的裝備成績會進步

打高爾夫球時，裝備的好壞會影響成績。那跑步呢？跑步不像高爾夫球需要各種桿子，也不需要比較會飛的小白球。它需要的基本裝備是跑鞋和衣服，靠裝備來彌補自己不拿手的部分也很有限。但是穿上適合的鞋子和衣服，可以讓你在各種天氣和身體狀況下幫助你發揮到最好狀況。

總而言之，不是用貴的裝備就會有好的成績，但是只要選對裝備，在路跑賽裡一定可以發揮在平常的練習中培養出來的實力。

跑步也許和登山很像，登山也是隨各種情況的需要準備各種裝備。特別是隨著氣候選擇衣服的材質，為了長途跋涉選擇合腳的登山鞋等，這些都是很重要的。

衣服的功用

跑步時穿甚麼基本上是自由的。T恤或是長袖運動服、背心都可以。下半身則從運動短褲、緊身長褲、緊身短褲應有盡有。基本上運動上衣加短褲是最簡單最輕便的穿著。

跑步是一項會大量排汗的運動，所以運動服也要有適度的排汗功能會比較好。市面上剛出現排汗的高功能材質時，大肆被宣傳，現在則變成是運動服的基本功能。

如今不止是材質的好壞，又更進化到要求剪裁的技術，增加和身體的一體感，或是沿著肌肉線條縫合衣服增加肌力等等，愈來愈講求形狀。許多貼身的緊身褲都融合了這種技術。

最近的衣服不只是發揮它的機能而已，對跑者的心理有重大的影響功能。

穿上有點鮮豔又有設計感的跑步裝備，會讓你心情高揚。慢跑通常在戶外跑居多，受到他人的矚目也會相對的高。跑步裝備的另外一個功用就是在受矚目的情況下表現自我。

穿著隨季節變化

跑步是一年四季都可以做的運動，跑鞋之外，衣服也必須隨季節變化才行。

炎熱的夏天裡，建議你穿具有排汗功能的衣服。為了遮擋強烈的日曬，帽子和跑步用的太陽眼鏡是必需品之外，也建議穿長袖或是抗ＵＶ的運動服。

反過來在寒冷的冬天裡，需要防寒的運動服才行，在T恤外可以加一件跑步外套或是長袖、背心式的運動服，這樣穿還是感覺冷的話，再穿防風的風衣外套。

但如果材質比較厚重，或是穿太多，不只是會不好跑，流汗後會覺得很煩躁吧，目前市面上標榜跑步服的商品，大致都是使用輕型材質，比較不用擔心。防寒用品裡不可少的東西是「手套」，跑步本身雖然會讓身體變暖，但是手指會受風寒侵襲變得冰冷。手指變冷，會使你不容易擺動手臂（待第2章說明），所以不要忘記戴手套。下雪或是下雨天也會需要一頂帽子。

比賽時的服裝

接下來談談比賽中的服裝。

路跑賽是可以發揮自己最佳表現的舞台。穿著輕便、好跑的衣服是必要的。但是不建議你一整年都穿一樣的衣服跑步。要隨著季節和天氣變換，才能舒適的跑步。

在夏天的比賽裡，建議上半身穿背心或是薄的運動上衣，下半身配短褲或是緊身短褲。為了預防中暑帽子是必備的。準備太陽眼鏡可以避開刺眼的陽光。

許多初學者參賽的檀香山馬拉松裡，會看到不少人掛著小腰包，這是為了攜帶補給用的水和食物。在炎熱的天氣裡跑馬拉松，補充水分是不可少的，如果擔心只靠大會準備的補給不夠的話，可以自己攜帶。

對預計要花六小時以上跑完全馬的跑者來說，攜帶食物可以預防自己的能量不足。要放這些東西的腰包，必須選擇能緊貼腰部，跑步時不會晃動的比較好。

寒冷冬天裡的路跑賽，穿較厚的T恤配短褲或是緊身短褲較理想。腿會冷的人穿緊身長褲也沒關係，但盡量選擇不妨礙腿的運動又好跑的機能褲。

氣溫掉到十度以下時，手套變成了必備品。跑步專用的手套要輕便。需要防寒時，可以準備普通的帽子和毛線帽。

雨天的路跑賽裡，起跑之後到身體變暖之前，可以準備一個用完就丟的雨衣——用大的垃圾塑膠袋剪三個洞穿上。比賽途中覺得熱時，就拿給沿途的工作人員請他們幫你丟。這方法也可以應用在極度寒冷的比賽裡。

第 2 章

正確、有效率的跑步方法

選手的跑姿，真的很美。那不是單純的肉體之美，而是有效率地驅動複雜的身體時所呈現的終極功能之美。市民跑者不要只模仿選手的表面動作，重要的是去找尋適合自己的姿勢。這樣應該自然就能學會漂亮的跑步方法。

沒有多餘動作，有效率的跑步法

你是從來不管跑步方法的長距離跑者嗎？

觀賞奧運等田徑比賽的電視轉播時，常常會看到播報員不斷地倒帶影像解說短距離選手的跑姿。那是因為在短距離的競賽裡，必須要在一百分之幾秒的時間內分出勝負才行。

短跑選手需要在十秒上下的短時間內用最快的速度衝刺，因此對他們來說，有效率的跑步方法是很重要的。

相較起來，我們幾乎沒看過用慢動作去分析馬拉松選手的跑步方法。比起跑步方法的好壞，大家多半注意馬拉松選手的艱苦練習、強韌的心理，或是巧妙的戰術等。就算在跑步方法上有點難看，頂多就是被人當作是跑者的個人特色。因此過去比較少人會去討論馬拉松選手的跑步方法。

但是短距離和長距離一樣是在跑步。短距離需要的是創造出最快速度的跑步方法，長距離則為了在長時間保持一樣的速度跑步，需要的是沒有多餘的動作而有效率的跑步方法。

市民跑者很多都不關心跑步方法。沒有教練在旁邊的市民跑者，很難客觀的評價自己的跑步方法。自己可以做到的事，頂多就是去比較每個月的跑步距離。

重心和丹田

就如同前面提到的，長距離跑者追求的理想跑步方法，是有效率的跑步方法。

在討論跑步方法時常會聽到「手腕要這樣擺動」、「腳要怎麼踩」等等，大多以手腳的動作為主。但是在討論手腳的擺動之前，我們必須要先想如何長時間去移動自己的身體。講求效率就是為了這個目的。

考慮到移動自己身體，頭腦裡自然會浮現物理學原理。在地球上要輕鬆的搬運東西，必須要掌握重心，並且去活用它。

在非洲看到用頭上頂著水甕的女性時，我很驚訝。她們就是巧妙的利用了重心。

人的身體就和其他東西一樣，都受重力的影響生存在地球上。人的身體是有重量的「物體」，所以必然的，在身體某處存在著重量的中心——重心。

人的身體和一般的立體事物不同，我們有手腳，有頭，具有複雜的形狀。雖然很難判斷重心的位置，但一般常說兩腳伸直站立或是兩腳步行前進時，身體的重心就位於肚臍下方。這個部位在東方醫學上稱為「丹田」。在跑步時，重心的大部分就是在「丹田」上面。有效率的跑步方法，就是能巧妙的往前移動這重心的姿勢。如果重心上下搖晃，左右擺動，會減弱往前進的向量。

我在當選手的時候，瀨古利彥選手的跑步方法是理想的目標。用力往前推進肚臍下方的重心，身體完全沒有上下左右的擺動。他之所以可以像閃電般切換速度，做最後的衝刺，那是由於跑步有效率的緣故，輕鬆的移動了身體。到比賽最後都保留了充分體力。

到底甚麼是跑步方法

跑步方法，就是「動作」的意思。

身體的動作從擺動手指的小動作，到用全身去跳躍的動態動作都算。打鍵盤算是小動作，跑步則屬於動態動作。

包含人類，動物是花長時間一點一點進化而來的。我們的身體演變成最適合生存的形狀。人是兩腳步行，空出來的雙手讓我們學會了如何使用工具。

人會做細微的動作，從這觀點來看，人是進化最多的動物，具有複雜的構造。人跑步的方法，其實就是用巧妙的平衡去驅動複雜的動作。

選手的跑姿，真的很美。那不是單純的肉體之美，而是有效率地驅動複雜的身體時所呈現的終極功能之美。

市民跑者不要只模仿選手的表面動作，重要的是去找尋適合自己的姿勢。這樣應該自然就能學會漂亮的跑步方法。

好的跑步方法的條件

像選手一樣漂亮的跑法，包含怎麼樣的條件？

首先，關於踩地時的動作，重點要看體重的重心有沒有平穩。

彎腰（參照第六十二頁圖）、駝背（參照第六十頁圖）就是體重沒有平穩的證明。不想變成如此，訣竅是要去注意踩地時要踏到身體的正下方。

然後也不要忘了踩地後的重心要直直的往前推進，這也是好的跑姿的條件之一。肩膀如果晃得太大，力道往左右分散時，身體沒辦法往前進。

上半身和下半身的動作協調也是很重要的條件。如果沒有善用背部去擺動手臂（待後面說明）的話，上半身產生的力量會無法順利的透過骨盤傳達到下半身，跑法自然就會不順。

除此之外，也要注意不讓上半身僵硬，也就是跑步不要太用力。不要使用多餘的力量，提醒自己放輕鬆跑步。

像這樣，跑步時除了往前進之外沒有多餘的動作，這就是好的跑法的關鍵（見左圖）。多餘的動作，很多來自使用身體時的不平衡。如果能巧妙的驅動體幹（待後面說明），頓時可以減少許多多餘的動作。

好的跑步姿勢

比賽後半會變得沉重的跑步方法

跑過全馬的人，在過了三十公里之後，一定有突然步伐變沉重的經驗吧。到了馬拉松的後半，體力容易枯竭，也常會輕度的脫水。在肌肉裡面會累積疲勞物質——乳酸（待第3章說明），所以步伐會自然變得沉重。這時候血糖應該也變得很低。在這種狀況下常常會沒辦法集中注意力，從比賽開始一直專心維持的跑法，也容易慢慢地變形。

除了各種身體上的疲勞，變調的跑法也會助長步伐變得沉重。比如說，因為疲勞造成腰部的位置下沉，大腿肌肉的負擔就會增加。

↓

步伐變沉重，就試圖用力揮動雙臂。

↓

肩膀用力，上半身和下半身的協調會不一致。

↓

腳會變得愈來愈沉重。

陷入以上的惡性循環。這種惡性循環特別容易發生在全馬的後半段。

練習培養好的跑步方法

那麼，好的跑步方法要如何訓練出來？當然完美的跑步方法不是一天兩天就可以學得起來。在比賽裡就算集中注意力認真去跑步，也不見得做得到。

我們需要在腦海裡一個一個回想跑步方法的基礎，並在平常的練習裡反覆地去實現才行。平常在重度的訓練裡，練習的重點比較難放在跑步方法上，我建議你用慢跑的時候來練。

一開始也許會覺得很難，但是不要氣餒，練習時能專注在跑法上的話，有時身體反而會感到輕盈，那就是用好的跑法在前進的感覺。

如果你是在街道跑步，也可以透過櫥窗看自己的跑姿，或是和朋友一起跑步時，請對方幫你確認。好的跑法，其實就是可以輕鬆跑步的方法，一旦學會就不會再忘記。

回想看看第一次學會騎腳踏車的事。克服恐懼感，騎上腳踏車的瞬間，帶給幼小的心靈無與倫比的感動。相同地，只要學會平衡感，是一輩子都不會消失的。跑步和騎腳踏車之間，不可思議地擁有共通點。

🕐善用體幹

重點在「體幹」

前面提到好的跑步方法的條件裡，出現了「體幹」這字眼。身體的體幹，是我們在日常生活裡比較不會去意識到的部位。當然就算不去注意到，我們平常站立、坐著、走路時，也都一定會動到這些肌肉群。

體幹的肌肉，包含不在身體表面附近的肌肉，不像手腳的肌肉一樣能操作它們，但是它們卻在跑步時扮演了很重要的功用。

跑步就是移動自己體重的運動。透過重心支撐自己的身體時，體幹會跟著擺動。它也是產生骨骼肌（長在可擺動的骨骼上的肌肉。保持姿勢和運動時會用到）的力道之基礎，扮演了重要的功能。

那麼，接下來詳細說明體幹。

體幹是指哪個部位？

大致來說，體幹是指頭和手腳以外的身體部位。所謂的「使用體幹」，代表機能性的操作體幹的肌肉。特別重要的是和脊椎、骨盤的動作有關聯的部分。

體幹裡有許多肌肉，各自扮演各自的功能，功能上也彼此互相影響。先來介紹其中一部分。

首先身體的正面有腹直肌、內腹斜肌、外腹斜肌，背面有斜方肌（僧帽肌）、臀大肌、臀中肌、臀小肌、脊柱起立肌。骨盤內部及附近有髂肌、腰大肌、腸腰肌，這些都算是體幹的肌肉。

像腸腰肌這種骨盤內側的肌肉，被稱作是「深層肌肉（inner muscle）」，它位於身體內部深處。不像外層肌肉（outer muscle）可以用自己的手觸摸意識到。摸不到的肌肉總是不容易意識到。

不懂善加利用體幹的人，往往不清楚要怎麼去操作摸不到的肌肉。但是深層肌肉常常扮演重要的功能，建議你透過訓練來運用它。

任何運動體幹都很重要

最近，「體幹」廣泛的在各種運動裡被重視。另外有人會稱它叫核心（body core）。體幹以身體的主軸為中心，不只是在跑步上，對其他運動也一樣有它的重要性。

比如說，我們來分析看看棒球裡的「投球」的動作。要投球時，首先會先伸長背肌，挺直身體。身體如果彎曲的話，沒辦法順利的做下一個動作。

接下來，輕輕抬起腳往前踏出。然後利用連接腰到軀幹的迴轉軸，去擺動肩膀，把力道傳到手臂和手上。最後，透過手腕使力從手指把球丟出。

一連的動作中，軀體的迴轉軸也就是體幹，會產生極大的力道。

像在柔道、拳擊等格鬥技裡，體幹弱的選手是無法變成一流的選手。或是游泳、自行車等需要持久力（endurance）的運動也是一樣。從巧妙利用體幹的觀點來看，這些運動和跑步的共通點其實是非常有趣的。

游泳時用手臂划水，不只用手腕而是要動到肩胛骨和背部的肌肉才是正確的游法。騎自行車時，不是用股四頭肌（大腿前側的肌肉）踩踏板，而是握著把手扭動上半身，從骨盤把力量傳到下半身去轉動，這樣才是正確的騎車方法。

和跑步不同的環境下所做的運動，在運用體幹的方法上共通點還滿多的。

著地的瞬間要善用體幹

那麼，跑步中體幹正確的使用方法是甚麼？

跑步時用到體幹肌肉的時機是——著地的瞬間。回想一下跑步時著地的衝擊是體重的三倍以上。靠腿的肌肉去支撐這麼大的衝擊是很難的。只靠支撐沉重的上半身的雙腿去緩和衝擊，讓身體著地是不簡單的事。

這時候，以腹肌、臀肌、腸腰肌為主的肌肉群，也就是用「體幹」的大肌肉去支撐衝擊，再把它轉化為推力。

保持上半身挺直，兩腳步行前進時，腹肌有固定身體重心的功能。沒有腹肌的力量，身體容易晃動。跑步時也一樣，如果不善用腹肌的話，跑步時身體會蛇行。

臀肌在著地時除了支撐身體以外，也會產生著地後讓身體前進的推力。腸腰肌則是利用骨盤，把腿往前伸的時候會用到。這些都是跑步時不可缺少的肌肉。

透過巧妙的運用骨盤附近的體幹肌肉群，不只可以發揮理想的跑步機能，還能用符合人體工學的漂亮跑姿跑步。

善用體幹的秘訣

善用體幹去跑步是很重要的事。但是對從來沒有注意到體幹的跑者而言，要實際上去善用體幹跑步不是一件容易的事。在這裡介紹在日常生活中能隨意做到的秘訣，讓大家了解「如何去意識到身體各個部位」。

要善用體幹，首先必須先改善站立姿勢。駝背這種不好的姿勢，只會運動到大腿前側和腰部的肌肉，並不能活用到體幹。

實際做看看就可以發現，挺直背部，稍微把注意力集中在腹肌和臀部，全身會感覺到負擔減輕了。但是如果駝背，大腿的前側和腰部就會感覺到負擔。

接下來，接受到和跑步著地一樣的衝擊時，要訓練到能意識到體幹。

要用身體抓住這感覺，可以在原地先輕鬆的跳幾下看看。著地時，不能讓腰部往下沉。把整個身體當作是一個彈簧，有韻律地去跳，這必須保持良好的姿勢，利用腹部和臀部的肌肉才行。

要在日常生活裡培養這種感覺，比如說在下樓梯時，當著地時產生小小的衝擊時，嘗試去把注意力集中到臀部和腹肌。

最後，我推薦「輕輕的敞開胸口」這個動作。

所謂「輕輕的敞開胸口」是在善用體幹時不可缺少的。這也是保持良好姿勢的秘訣。如果過度在意「要保持好姿勢」，往往容易造成聳肩和上半身僵硬。這時候如果能靠攏兩邊肩胛骨輕輕地「敞開胸口」，肩膀不會刻意抬高，身體也不會僵硬。

在跑步以外的時間如果能注意到以上三點，相信你慢慢地能理解善用體幹的動作了。

善用體幹的補強運動

介紹了善用體幹的三個秘訣，再來介紹訓練體幹的運動，它可以讓你在跑步時輕易做到善用體幹。這是我想出來的簡單補強運動，我稱作是「**喚醒體操**」。

在跑步前做這「喚醒體操」的話，就算自己不去特別注意，也會開啟體幹肌肉裡的「啟動」模式。這樣做，步伐會變得輕盈到連自己都很難相信。「喚醒體操」參考了世界頂級選手的「跑前暖身操」，相信不只是對破紀錄為目標的跑者，以健康為目標的市民跑者也一定可以派上用場。

這個體操由八個補強運動構成，它的特色在任何人都可以隨時隨地不需要任何器材就做得到。

請參考接下來的示範，這個體操包含①用腳後跟踮腳上上下下運動身體，強化小腿的肌肉、②透過深蹲加強大腿前側的肌肉、③透過臀部深蹲，加強大腿後側的肌肉、④扭身運動、⑤原地踏步、⑥交互抬高左右兩臂，活絡肩胛骨一帶的運動、⑦活絡腸腰肌的運動、⑧下腹部腹肌的加強運動。以上八項，每一項運動大約以15～30次為基準。

① 上下抬高腳跟，
鍛鍊小腿肌肉。
注意膝蓋不要彎曲。

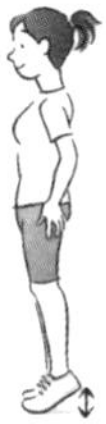

② 透過深蹲，鍛鍊大腿前側的肌肉。
盡量保持身體挺直，
彎曲膝蓋深蹲。

③ 透過深蹲也可強化大腿後側的肌肉。
注意膝蓋位置
不可以太前面，
臀部要往後壓，
注意不要彎腰。

④ 扭身運動。
一邊輕輕地跳，
一邊左右扭動身體。
這可以提升跑步的順暢。

⑤ 踏地運動。
踩地面時，注意力集中在
臀肌、腹肌等等
體幹的肌肉才有效果。

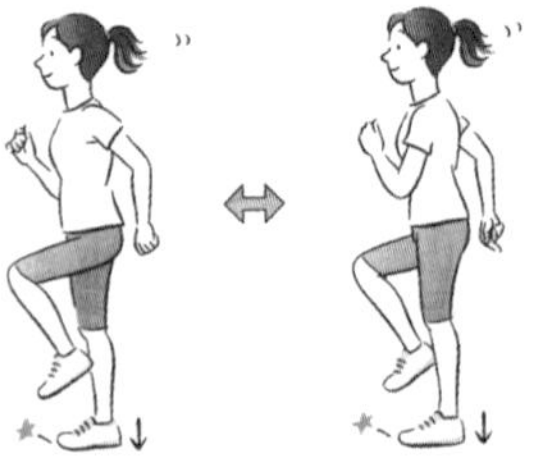

⑥ 雙手相互上下擺動，
活絡肩胛骨一帶的補強運動。
可以讓肩膀順暢地和手腕連動。

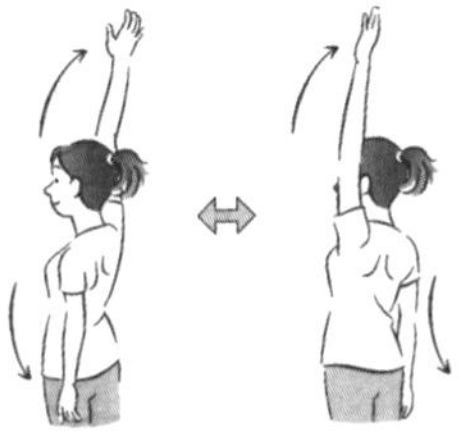

⑦ 抬腰活絡腸腰肌的補強運動。
膝蓋盡量保持垂直的角度，
要有韻律的運用腰部力量。
注意不要用腿的力道抬高。

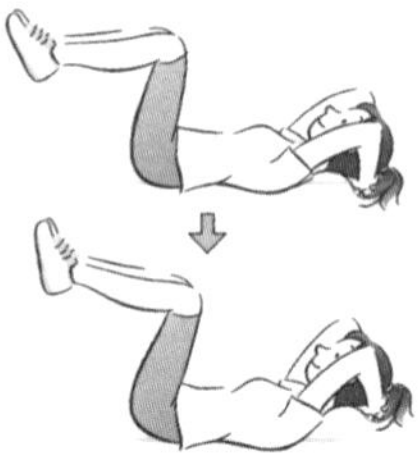

⑧ 下腹部腹肌的補強運動。
靠腹肌的力量抬起雙腿。

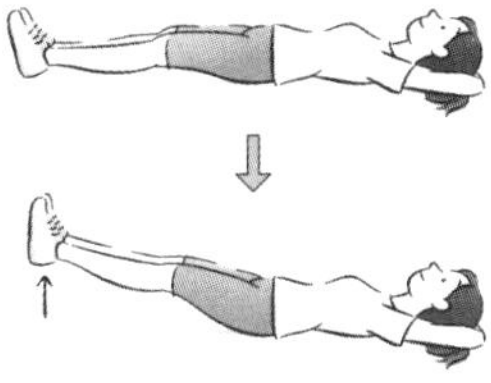

不好的跑步姿勢

跑步姿勢不好時會發生甚麼事？

好的跑步姿勢意味著活用體內的跑步機能——也就是符合人體工學的意思。相對的不好的跑步姿勢代表不符合人體工學。

跑步姿勢的好壞並不是只有表面的好看與否，為了要跑得好，它是絕對迴避不了的要素。

那麼跑步方法不好時會發生甚麼事？

首先，從跑步自身的觀點來看，可以舉出「怎麼樣使力都難以前進」、「跑一下就容易累」等等缺點。

接下來從身體的觀點來看，可以舉出「腰和膝蓋容易受傷」、「只有小腿變粗，不均衡的長肌肉」等等缺點。

不只是初學者，只要是跑者每一個人都曾經體驗過以上現象吧。

然而，對以減重為目的跑者來說，這關係到「怎麼跑都無法減重」的迫切問題。

相信有許多跑者都會想「跑步姿勢是自己獨創的，所以沒有去在意的必要」。但是，跑步姿勢絕對不容小覷。

用不好的姿勢撐過去也可以嗎？

用符合人體工學的姿勢跑步，不但能減少運動傷害，還能有效率的把身體往前推進。但就算跑步的姿勢不好，也不代表不能跑完全程馬拉松。實際去觀察有許多市民跑者參加的路跑賽，會發現有些跑步姿勢不好的選手，跑得比用正確姿勢的選手還快。

但是跑步方法不好的選手，為了要彌補沒效率的跑法，不是逞強跑步，就是多浪費原本不需要的努力。如果能積極地去修正跑步方法，一定可以得到改善。

非常多市民跑者會用腰部下沉的姿勢跑步（請參照第六十二頁）。市民跑者雖然會不斷嘗試各種努力去做屬於自己的練習，但要靠自己的力量去改善跑步姿勢是很難的一件事。那是因為缺少「自己的跑法到底ＯＫ不ＯＫ？」的客觀意見，以及判斷的標準。他們總不能對著鏡子跑步，因此不知道要改善哪裡，也不知道要怎麼改。

自己所獨創的跑步方法，如果能符合人體工學就好了，如果是不符合，留下疼痛和不好的平衡感，硬去逞強，會增加運動傷害的風險，辛苦的付出也會白費一場。

希望大家可以把本書介紹的改善跑法的訣竅，應用在日常生活和練習裡面。這樣就算沒有周遭朋友給的客觀意見，也一定能改善很多。

在這之前，具體的來介紹幾個不好的跑步方法。

不好的跑步方法：例①平時的姿勢不良

不好的跑步方法例如駝背的狀態（見上圖）。姿勢不好，不只是無法做到善用體幹的理想跑法，著地時因為用腰和膝蓋去吸收著地時的衝擊，容易引起發炎。

這起因於現代人的工作模式。每個人的工作性質雖然有所不同，但大多以坐辦公室居多。許多上班族端坐在電腦前面，一整天都盯著螢幕（寫稿子時的我也是如此）。這樣工作不僅是在摧殘眼睛，長時間腦內持續緊繃的狀態，會導致肩膀、頸部肌肉僵硬之外，背部也會變得更僵硬。

長時間保持坐姿和腦內的緊繃狀況，這些都正

駝背的跑法

好和跑步相反。如果以這樣的情況去跑步，容易導致不好的跑步方法。平常若有肩膀、頸部、背部僵硬的慢性病，就會導致平時的姿勢不良，從走路便能看得出這些問題。

不好的跑步方法：例② 身體沒有得到平衡

由於慣用手的關係，平常的小動作太過於依賴身體某一側時，左右兩邊肌肉的力量會差很多，這會讓跑步時失去平衡。此外，如果在過去正式玩過只使用單手的球類的跑者，也容易留下不均衡的平衡感。

光從體型和跑步姿勢，就能知道這個人在過去從事甚麼樣的運動。如果是網球，拿拍子的手腕和擊球時踩地的腳的力道會自然地較強。

就算在某項運動裡能取得平衡，但表現在跑步這種需要左右平衡、講求效率的運動中，往往會顯現不平衡的狀況。

左右不平衡，相對的運動傷害的風險也會比較高。腳踝附近、膝蓋、骨盤附近等部位，容易帶給單邊的關節負擔，要格外小心。

針對由於生活習慣引起不平衡的人來說，日常生活中能留意的是拿行李時偶爾可以換手提，站立時也要意識到是否均衡的把體重分散在兩腳。

由於過去從事的運動而造成不均衡平衡感的人，建議你試試用單邊的腿深蹲，看看可以做幾下，比較哪一邊的腿比較痛，確認兩邊肌肉的差別，弱的那一邊就需要透過肌肉訓練提高強度到和另一邊相同才行。

不好的跑步方法：例③腰部下沉（彎腰）

從許多跑者身上會看到腰部下沉的跑步方法（見上圖），這是因為沒有用到體幹的肌群，極端倚賴大腿肌肉的緣故。不僅容易傷到腰和膝蓋，推進力也不好使出，跑不出理想的速度。

這樣的跑步方法，多半可以從以減重為目的而開始跑步的跑者身上看得到。

腰部下沉的跑法

「開始跑步後減輕了十公斤！」有這樣經驗的人，在跑步前體重一定是比現在重個十公斤以上，肌力也比現在弱吧。以這樣的情況開始跑步時，擔心著地時的衝擊會集中在膝蓋上，這種恐懼感會自然的變成戰戰兢兢的跑步方法。這是減低衝擊的「磨地跑法」。也就是彎腰的姿勢。

這樣的習慣，變瘦以後也改不掉。

想要跑得更快卻沒辦法變快的跑者，除了心肺機能不足之外，也可以確認看看，跑步時有沒有彎腰。

彎腰的跑步姿勢，可以在草坪上或是在地面比較軟的地方做越野練習修正（待第5章說明）。在柏油路這種地面比較硬的地方練跑，不容易擺脫恐懼感，但在自然風景優美且地表較軟的地方，就可以盡情的跑步。

建議你利用周末的時間，試試看。

從走路確立跑步方法

培養基礎體力的基本

依賴車子的現代人，變得很少走路。不管城市鄉下都一樣。在鄉下，每戶的汽車擁有率很高，點對點（door to door）的生活似乎也變得理所當然。也許比住在城市的人還更少在走路吧。

在都市裡，到處都是電梯或會自動移動的步道，更加剝奪了走路的機會。原本為了殘障人士方便而興建的設施，很弔詭的反而損害了正常人的健康。

走路是培養基礎體力的基本。

腰力和腳力變弱，會加速老化，生病的風險也會相對變高，反過來透過走路強化腰力和腳力，就能夠防止老化。

剛開始練習馬拉松的人，在還沒有體力的情況下，千萬不要逞強去跑步，建議先從走路開始。走路不只是提高基本體力而已，它同時也是培養跑步基礎的最好練習。

況且，走路並不需要另外安排特別的練習時間，可以在日常的生活習慣裡實踐。以車子為主的現今社會裡，只要你有這意志，不去依賴家用車、計程車或地鐵，就可以靠自己的腳移動二至三公里的距離。

相信讀者裡有許多已是跑者，或是正打算要開始跑步的人吧。不知道大家的走路習慣為何？

走路是最好的訓練

走路是培養跑步基礎的最好練習。不管是哪種體型的人，或是對自己的體力沒有自信的人，都可以做到走路的練習。是人人都可以做的運動。

跑步是激烈的運動。在各種意義上，平常沒有運動的人突然開始跑步是很危險的事。在要正式開始跑步之前，建議你先安排時間走路比較好。如此，一邊提高基礎體力的情況下，自然的可以進入到跑步的練習裡。

和跑步比較起來走路的動作是緩慢的。一邊走路一邊可以確認身體的動作，當作是培養正確跑步姿勢的一個預習。

當然在走路時，使用體幹是很重要的事。也可以培養跑步時活用體幹的感覺。

從心肺功能的觀點來看，走路是很棒的事。只要我們不是競走選手，走路不可能像跑步一樣快。也就是說，走路是完全的有氧運動（待第3章說明）。透過走路，慢慢的增強血液循環，讓毛細血管變得發達。

所以認真的去走路，一定可以增加跑步的實力。

走路使用軀幹的訣竅

基本上，走路的動作和跑步的動作之間，沒甚麼很大的差別。跑步時還不太會用體幹的人，可以一邊走路一邊去掌握善用體幹的訣竅。

走路時使用體幹的重點，大致有三點。

就是擺動手臂、骨盤、著地。

跑步或走路都會擺動手臂。要擺動手臂時，試圖把兩邊的肩胛骨往背的中心靠攏，往後擺動手臂（見下頁圖）。這肩胛骨的動作會牽動上半身和下半身，自然的會動到骨盤。

骨盤被牽動之後，不是用腳跟把腿往前伸出，而是感覺到使用腰骨上的關節去走。腿雖然是長在臀部下方，但從骨盤去動的話，腿才會用得更久。

隨著腿往前伸出，上半身往前移動，下一步會是著地的動作。當腳踩到地的時候，盡量讓腳放到身體的正下方。著地的瞬間，用力使用腹肌和臀部的肌肉。

邊確認這幾個重點，持續正確的走路時，你能感覺得出體幹的每個肌肉都在被牽動。這種感覺會幫助跑步時更能活用體幹。也會影響到著地和身體移動的順暢動作。

使用體幹的
正確走路方法。
（著地的瞬間，
腳在身體正下方）
肩胛骨往背的中心靠攏，
手臂往後擺。
和肩胛骨連動，
自然去擺動骨盤。

有腳力之後，也要持續走路

漫無目的走路，是大家在日常生活裡都在做的運動。把漫無目的走路改成積極的走路時，能幫助提升基本體力。

再加上，如果能意識到身體正確的使用方法，基本運動就能從走路變成跑步。跑步跑順了之後，會發現跑步的有趣之處，這時候你通常滿腦袋都會是跑步的事。不過在這個時期，把走路當作是訓練中的一項練習偶爾去做，並去回想基本的動作會比較好（待第5章說明）。這樣做，不僅能確立正確的跑步方法，也可以去修正錯誤的動作。

為了準備全馬增加練習量時，往往滿腦子都是跑步的練習，其他的運動會因為疲倦而疏忽掉。這種時候還是希望你不要忘記走路。只跑步不走路，雖然可以練出跑步的肌肉，但對抵抗力和免疫力的基本體力上會有不好的影響。

萬一不幸受傷，如果傷勢是還可以走路的範圍的話，建議徹底的去走路。在做復健時，為了刺激心肺功能很多人會游泳或是騎腳踏車，但離跑步最接近的運動，還是走路。

第 3 章

比賽管理

要有好的成績，盡量要用均一的速度去跑才行。以一台汽車形容，這就像燃燒效率好的行駛速度，比起開在一般道路，每次遇到紅燈就需要停止並重新踩油門，相對的以相同的速度開在高速公路燃燒效率會比較好。

比賽當天要怎麼規劃？

規劃到比賽開跑前

比賽當天大家在心情上難免會呈現既興奮又緊張的狀態。就算一個人平常可以冷靜地判斷事物，到了比賽前則難免會做出與平常不一樣的舉動。重要的是冷靜地度過開跑前的時間。

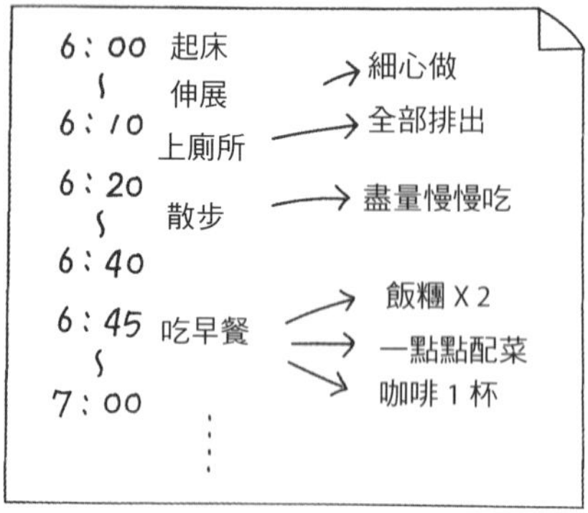

適度的攝取飲食和做暖身操，會幫助自己神清氣爽的站到起跑線上。為了避開匆忙的行動，在比賽前一天晚上，建議以分為單位把隔天的行程條列式的寫出來。（見上圖）

至少需要起床時間、早餐的時間、出門（或是從飯店出發）的時間、到了會場拿號碼牌之類的時間、寄放行李的時間、暖身操的時間、移動到起跑線的時間等等。

除此之外要檢查的項目有：跑步的衣服和帽子準備好了沒？計時的晶片（要測時間用的晶片）綁到鞋子上了沒？吃補充片了嗎？上廁所了嗎？等等項目。這樣條列式的列出來，做完可以打勾作記號。

寫在紙上的話，當天也不會慌張忘記去做，會比較安心。

甚至有跑者會用黑筆把配速一覽表寫在手掌或是手腕上。也可以像這樣把屬於自己的準備，寫在要檢查的項目裡。

幾點起床才好？

在箱根驛傳裡跑第一區的選手在為了配合八點起跑，會在早上二點起床。這是因為據說人的身體要到完全清醒需要六個小時，所以才這麼做。

但是一般的市民跑者應該不需要那麼早起床。一般來說，是從食物消化的時間去推算決定起床的時間。

吃飯到完全消化平均需要四個小時。比賽如果是早上九點起跑，早上五點吃早餐是最理想。這樣的話，最晚也要五點前就要起床才行。趁天色還昏暗的時候起床去外面散散步，沉澱一下心情再回來吃早餐。

這是一個想法，不代表一定要照單全收。平常就要觀察自己的習慣，先掌握清楚自己起床後多久內吃東西狀況會比較好，再去配合這節奏。

況且像檀香山馬拉松這種早上五點起跑的比賽就不能這樣做。理想來說，從早上五點推算四個小時前應該是半夜一點，但顧慮到時間太早的關係，旅行社的工作人員大約會在早上二點打電話來叫醒選手。

附帶一提，該比賽的早餐常會拿到兩個飯糰和香蕉等等容易消化的東西，只要好好咀嚼的話，應該就沒有消化不良的問題。

在甚麼時候該吃甚麼東西？

比賽當天的早餐，要多攝取容易消化的碳水化合物和礦物質。這時候要注意，盡量避開會產生負面影響的食材。比如說，不容易消化、容易在肚子裡累積氣體的肉類，或是像番薯這類纖維比較多的蔬菜水果不要吃比較好。

若起跑在中午，可以照正常時間吃平時吃的早餐——比如說，白飯、味噌湯、醬瓜、煎蛋、納豆等等，都沒有問題。這時候建議白飯的量可以比平常多盛一點。另外，也推薦吃麻糬。一個麻糬的卡路里比一碗白飯還高，而且更好消化。會比白飯更有效率的去囤積能量。

飯後的甜食或是在比賽前一至二個小時前，建議可以吃香蕉當零食。香蕉本身卡路里不高，但香蕉裡的維他命B群和鉀等礦物質，能幫助跑步時的血液循環順暢。比起比賽前半，香蕉對血液循環的效果在比賽中段更顯著。

對於要花很長的時間才能跑完全馬的跑者來說，要注意不要過度空著肚子。

例如，花五個小時以上才能跑完全馬的人，在開跑前四個小時前就去吃東西的話，跑到中間點時，離前一次吃東西已經過了將近七個小時。這樣的情況要避免。

在開跑前一至二小時前，建議你可以吃條香蕉或是高卡路里的碳水化合物、補充片等等容易消化的食物來避免空肚子。市面上賣的許多果凍狀的營養品，攜帶著上路也很方便。

正常排泄的重要性

吃很重要，但同時也不能忘記要「排出」。排泄可以讓身體變輕，跑起來輕快之外，在促進體內循環、調整身體狀況的效果上是不可忽視的。曾經體驗過長時間的便秘，因而搞壞身體的人應該很能理解它的重要性吧。

以便祕的狀態去比賽，常常會感覺身體沉重，加上循環器官無法順暢運作，相對也會影響排汗的作用。

習慣「早上排便」的人，比賽當天也希望你如常去上廁所。沒有這種習慣的人，也希望你在比賽前盡量努力排排看。還是沒辦法的人，可以喝有利尿、利便效果的咖啡試試。瀉藥的藥效會太重會有反效果，保險起見還是別去吃。

此外，建議你盡量在家裡或是在住宿的地方上廁所。當然在比賽會場會有許多流動廁所。但是愈大規模的比賽，會愈混亂。在起跑時間逼近的情況下大排長龍，焦躁地排隊會讓心理上更不安之外，身體也會冷掉。這對比賽會有負面的影響，要特別注意。

裝備要準備齊全

在比賽裡要使用的裝備準備了齊全嗎？比賽當天早上要記得去再三確認隨身背包或衣物保管袋。

跑鞋、帽子、衣服、比賽後要換上的T恤、太陽眼鏡、手錶、補給品、凡士林等藥品類、毛巾、換穿的衣物、報到要用的資料、錢包……參加比賽需要帶的東西意外的多。缺少的東西請在前一天買齊。

一定不能忘記的是跑鞋吧。如果忘了鞋子，不管是去借別人的，或是在現場運動廠商的攤位買一雙，都很有可能會使你在比賽中腳起水泡，跑不好。鞋子要穿到合腳，至少要在練習中穿著試跑幾次才行。

頂尖的選手要出國比賽時，鞋子通常都會放在手提行李裡。寄放到託運行李之後萬一不見，事情就嚴重了。他們是沒辦法穿不習慣的鞋子出賽的。

比賽前一天，也有選手會把重要的鞋子放在枕邊睡覺。對裝備產生的感情，還有珍惜用它的態度，是值得我們學習的。

比賽當天的交通問題

還要再準備一件事，以免比賽當天去犯不必要的失敗。那就是先掌握好從家裡到會場的交通工具，還有確認在會場內的路線要怎麼走才能找到正確的起跑位置。

主辦單位和負責道路指揮的工作人員會確保起跑後的路線，但是起跑前的路線，則是自己的責任。

路跑賽的主場，往往會設在交通比較不繁忙的地方。這代表，從距離最近的車站到會場的距離可能有點遠，如果開車去，從大會準備的停車場或當地停車場到會場也可能有一段距離。提前出門固然重要，事前先調查清楚才不會著急。

關於起跑的位置，如果是參加人數超過一萬人的大規模比賽，是一個滿大的問題。在起跑線，大會通常會照跑者的目標成績去排起跑的位置。再加上如果又是道路狹窄的路線，從最前面頂尖選手站的位置開始會排一公里以上的隊伍。如果不先弄清楚自己該站的位置的話，有可能會來不及趕在鳴槍的時刻就位。

有氧運動和無氧運動

馬拉松是有氧運動

為了要聰明的跑一場馬拉松，必須先理解關於跑步的運動生理學基礎才行。

首先是先針對肌肉的有氧運動和無氧運動的差別。

人在使用肌肉時的原理：隨著肌肉的運動強度和特性活用產生能量。

只要不是激烈的運動——如走路，或是脈搏數不超過一百三十下的慢跑，就會以包含在血液裡的糖分或是囤積在肌肉裡的肝醣為燃料，並和從肺吸進去的氧氣做結合，產生能量。然後才用這能量去收縮肌肉。

然而，如果用這緩慢的速度持續去跑三十分鐘以上，脂肪也會被當作是能量來使用（待第7章說明）。

像這樣強度低，需要用到氧氣的運動我們稱它為有氧運動。有氧運動不太會產生乳酸（待後面說明）這種代謝物，所以適合長時間做低負荷的運動。

反過來無氧運動是不使用氧氣、而以肌肉裡的ATP（三磷酸腺苷）當作燃料。無氧運動在短時間內會產生很大的能量，所以像是短距離的衝刺、高負荷的重量訓練等，需要瞬間爆發力的運動都包含在此。但由於無氧運動會產生大量的乳酸，所以不太可能長時間持續。

簡單的說，慢慢地花長時間做的運動是有氧運動，迅速又充滿力勁短時間完成的運動就是無氧運動。

以滑雪為例，阿爾卑斯式滑雪是無氧運動，北歐滑雪（Nordic Skiing）則算是有氧運動。

長跑是有氧運動的代表

長跑是有氧運動的代表。無氧運動本來就是瞬間爆發性的運動，所以並不是能以無氧狀態跑完 42.195 公里的運動。

提到有氧運動，還有走路、有氧舞蹈、瑜伽等等。這些負擔都不大，適合所有人做，廣泛地被當作是維持健康的方法。

長跑是有氧運動的代表，但是依每個人的有氧能力——所謂的持久力和跑步的速度，有氧運動和無氧運動的比例也會不一樣。

如果跑步的速度超過一個人的能力，心跳數會接近最大心跳數，無氧運動的比例會升高。最後會累積乳酸，沒辦法持續跑下去。為了防止這樣的情況，需要做提高有氧運動強度的訓練才行。

同時，比賽時要控制速度在符合自己的能力範圍，這是很重要的關鍵。

比賽中的呼吸方法

有氧運動需要的是大量的氧氣。氧氣是從肺透過血液傳送到全身的肌肉，我們則透過呼吸才能把氧氣吸進肺裡。平常我們無意識在做的呼吸動作，到了比賽時，會變得很急促，在跑上坡時特別能感覺得到吧。

跑步時呼吸的秘訣是「盡量去意識吐氣」。這和游泳時的呼吸方法很類似。

游泳時的呼吸是：在水中花時間盡量去吐氣，利用臉到水面上的短暫時間內換氣。也就是說，為了吸取大量的氧氣，盡量先去把肺這個「容器」撐到最大。把肺清空，自然地可以大量吸進新鮮的氧氣。

比賽中呼吸愈急促時，愈要注意吐氣。不把肺裡的空氣吐乾淨，就中途想去吸氣的話，由於肺裡還留有先前吸進的二氧化碳等氣體，所以會沒辦法順暢的吸入。

有人會在意呼吸的次數和頻率，但是次數會依跑步的步頻和速度而有所不同，所以建議不要去設定「吐幾次×吸幾次」。

也可以把呼吸比喻成借錢和存錢來想。在不特別去意識呼吸的情況下突然加快速度，雖然加速的瞬間呼吸並不會馬上變得急促，但是等過一段時間後，突然會變得很痛苦。

這就是「借氧氣」的狀況。反過來，要提高速度，或是要上坡前，大口的去吐氣，並事先把新鮮的氧氣吸到肺裡面的話，反而可以輕鬆地跑步。這就是因為先把氧氣存起來的關係。

腹式呼吸

前面已經說明過跑步時「吐氣」的重要性。但呼吸方法是需要技巧的，也就是要去善用「腹式呼吸」。

所謂腹式呼吸，是一種比我們平常無意識在做的「胸式呼吸」，還更深層的呼吸方法。這種呼吸方法會充分地牽動腹部深層的橫膈膜，最近被當作是一種健康的呼吸法而廣為人知。

一般而言，我們在靜態下會做腹式呼吸，但這不代表就不能在激烈的運動中做。能把它的原理應用到跑步上的話，可以吸進更多的氧氣，並能提高有氧運動的耐力。

腹式呼吸是慢慢地把肺裡的空氣由嘴吐出，再慢慢地從鼻子把空氣吸入。這時藉由腹部的擴張去牽動橫膈膜。

首先，先在靜態下反覆正確的腹式呼吸，並去記住腹部的動作。一邊練習一邊會發現，其實使用到了腹肌。腹肌就是體幹的肌肉，它扮演支撐身體的重要功能，意識到腹式呼吸之後，就會發現腹肌和呼吸的關係密切。

掌握了腹式呼吸的訣竅之後，接下來介紹如何應用在跑步上。

前面已說明跑步呼吸時「吐氣」的重要性，利用吐氣的時間縮腹部，為了能動到橫膈膜而特別去意識到牽動腹肌，就是在跑步時進行腹式呼吸了。

腹式呼吸較適合跑步還有另外一個理由，就是胸式呼吸容易造成聳肩。肩膀往上，身體的重心會不穩。這樣容易打亂上半身和下半身的平衡，減少往前進的動力。

提高氧氣搬運力的高地訓練

對頂尖的選手而言，高地訓練是少不了的訓練方法。他們常會到美國的博爾德（Boulder）或是中國的昆明花上好幾個月做密集訓練。一年之中長時間在做密集訓練的選手，有的甚至會在當地買房子。

高地訓練的目的，就是提高有氧運動的能力。

高地訓練，通常是在標高二千公尺以上氧氣濃度較低的地方舉行。標高二千公尺以上，大約就是富士山五合目左右的高度。

在氧氣濃度低的地方做訓練，除了可以增加血液裡的紅血球之外，也能增加血紅素的濃度。紅血球和血紅素的功能在於從肺搬運氧氣到肌肉，所以濃度愈高、愈能搬運更多的氧氣到肌肉。而為了要努力吸進稀薄的空氣，肺的換氣機能也會提升。

高地訓練結束後回國，在海拔零公尺的平地跑步時，完全不會喘到痛苦。

順帶一提，在長距離或是馬拉松裡有好成績的肯亞和衣索比亞選手，他們之所以這麼厲害，高地訓練的效果很大。衣索比亞的某一個地區曾經培養出了好幾個有名的選手，這個地方據說有海拔四千多公尺高。

市民跑者不太可能長時間做高地訓練。最近，有些健身房會設置「低氧氣室」，它能模擬高地練習的效果，有機會可以試試看。

要怎麼去提高有氧能力，是馬拉松的重要課題。

配速的重要性

初學者容易衝太快

要完成全馬，不管是頂尖的選手或是市民跑者都缺少不了速度的控制。實際來說，一流選手想要在比賽裡刷新世界紀錄，通常都有所謂的配速員，也就是一定會有控制配速的跑者跑在前面。

要有好的成績，盡量要用均一的速度去跑才行。以一台汽車形容，這就像燃燒效率好的行駛速度，比起開在一般道路，每次遇到紅燈就需要停止並重新踩油門，相對的以相同的速度開在高速公路燃燒效率會比較好，或許比較容易理解。

控制速度時容易犯的失敗，就是在比賽前半還有餘力時，不小心就衝太快。

所謂衝太快，就是以超出目標的成績、或是超出自己有氧能力容許範圍的速度來跑步。特別是初學者的跑者，對路跑賽不熟悉，要特別小心這一點。比賽剛開始往往會處於興奮的狀態，容易受周遭跑者的氣勢影響，一不注意就會用比平常還快的速度前進。

衝太快時容易囤積大量的乳酸，到了比賽後半累積疲勞，會被迫極端地減速。甚至有時候會沒辦法持續跑步。

為了避開這樣的情況，要特別注意不要衝太快。

馬錶與GPS手錶的使用方法

要巧妙的控制速度，必須先去磨練對速度的感覺。如果能知道自己跑步時的速度是一公里幾分鐘的話，就可以很自由的去控制速度。

但是要練到這樣的能力必須經過相當的練習才行。初學者用馬錶去掌握速度是最好的方法。

來介紹馬錶的使用方法。

鳴槍的瞬間不要先按馬錶的開始鈕，除非你是站在排在隊伍的最前方。在超過好幾千人的比賽裡，到達起跑線通常會花上幾分鐘的時間。越過起跑線再按開始鈕，就可以測出自己正確的速度。就算緊張也千萬不能忘記這動作。

隨著比賽，距離的標示也會不一樣。馬拉松大賽大約是在每隔一公里或是每隔五公里、半程距離（21.0975km）的地點會有距離的標示板。國外的比賽有些是隔一英里（1.6km）會有標示。

每當通過距離的標示時，按分圈計時（lap time按鈕區間的時間），確認這段區間的時間，掌握速度。如果發現過快就放慢速度，太慢的話再挽回速度就好了。

馬錶準備跑步專用的比較好。盡量選時間標示大又容易看的，再加上如果可以兩段標示分段時間（split time從起跑開始算的時間）和分圈時間（lap time按鈕區間的時間）的話，判斷速度就更容易。去家電量販店大概可以以一萬日幣左右的價格買到。

目前也有具備 GPS 機能的手錶產品，可以作為測速的參考。

修正速度的訣竅

掌握了自己的速度之後，接下來就要看怎麼去修正速度。

前面已經說明跑長距離時維持固定速度的重要性。確認速度之後，發現離目標的速度差一截時，心裡必定會著急吧。但是過度的著急讓速度一下子快一下子慢，反而更容易疲憊。

速度太快的時候，保持步頻和步數，稍微去縮小步幅看看。步伐太擠的話腿的肌肉負擔會變大，因此以「稍微減少踏地的力量」的感覺是最好。就算是「稍微」的感覺，距離一拉長就足以達到控制速度的效果。

反過來，如果速度太慢要怎麼做才好呢？這時候如果太刻意去放大步幅，容易失去平衡，引發肌肉的疲勞。要加快速度時，不改步幅，反而是試著去「稍微」加快步頻和步數。不是突然加快，要慢慢的去改變才行。這樣就可以做到細微的調整。

人不像汽車有剎車和油門，但只要掌握調整速度的技術，就可以自由加速和減速。

抓住韻律，培養感覺

想要培養速度感，就要學會用固定的速度跑步，重要的是「步頻」。跑步的步頻就像音樂有韻律一樣。

初學者的步頻大致都比較慢，到了上級者則會變快。長時間累積訓練，自然可以練就。如果初學者一開始就一味模仿上級者的步頻，則會打亂跑步整體的平衡感。

步頻，通常是都是以一分鐘可以踏出幾步當作基準，這就和音樂演奏時的節拍是一樣的原理。

走路，一分鐘的步數大約是一百二十。跑步的步頻會比這個快。初學者慢跑時的步頻大約是一百六十，上級者慢跑時大約是一百七十五。

建議初學者在比賽裡步頻不要太快，差不多比慢跑還稍微快的步頻，以不逞強的程度為剛好。

頂尖選手的步頻常常會超過二百。這速度感快得會讓眼睛看不清楚。實際在跑步時，不可能一步一步地去算步數。步頻，是要憑體內的時鐘自己去感覺才行。

現在普遍流行隨身型的音樂撥放器或用智慧型手機聽音樂，跑者一邊跑步一邊聽音樂的機會也變多了。音樂本身就有韻律，你可以收集自己理想的韻律的音樂，邊跑邊聽，也是另外一種培養步頻的訓練方法。

理想的配速

前面已經說明過衝太快不是好事。那麼，到底是怎麼樣的配速才是最理想的？首先以頂尖選手的例子當作參考。

產生世界紀錄或是有好的成績誕生時，幾乎都是後半段的配速比前半段還快。這就是前半段不衝太快，保留餘力到後半段的證明（見下頁上圖）。

巧妙的跑前半段，去掌握跑頻，才能保持輕鬆的狀態跑完全程。可以做到這樣的配速，

樹立世界紀錄的比賽裡，後半段的成績比前半段還快		
	男子	女子
	Paul Kibii Tergat(肯亞) 柏林馬拉松 (2003.9.28)	Paula Jane Radcliffe(英國) 倫敦馬拉松 (2003.4.13)
前半程	1 小時 03 分 01 秒	1 小時 08 分 02 秒
後半程	1 小時 01 分 54 秒	1 小時 07 分 23 秒
總成績	2 小時 04 分 55 秒	2 小時 15 分 25 秒

破 4 的理想配速			
	累計	5km 速度	1km 速度
5km		28'45	5'45
10km	57'05	28'20	5'40
15km	1°25'25	28'20	5'40
20km	1°53'20	27'55	5'35
半程	1°59'05		5'35
25km	2°21'15	27'55	5'35
30km	2°49'35	28'20	5'40
35km	3°18'20	28'45	5'45
40km	3°46'40	28'20	5'40
終點	3°59'06		5'40

後半段就比較不會失速。

這本書的主題，為了要達到破4，來具體看看配速的例子吧（見上圖）。不需要嚴格到一秒不差的程度，大概在腦海裡有個概念理解一下就好了。把這畫成表格會變成下頁曲線圖。

起跑到十公里，以剛好四小時的配速去跑，等跑到十五公里身體變暖之後，一公里的配速讓它在十秒左右波動。這樣的話剛好可以破4。

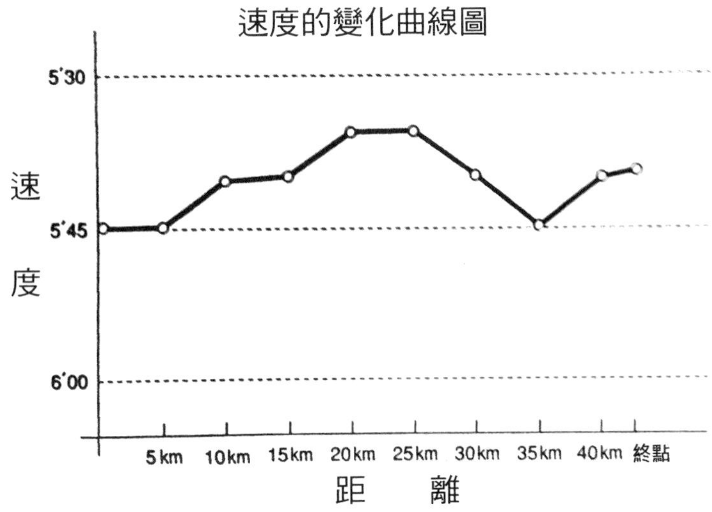

最重要的是剛開始10%的起跑

一開始的五公里是暖身

為了防止在長距離的比賽裡衝太快，或是要巧妙的跑完全程，如何跑比賽一開始的10%距離是個關鍵。

馬拉松一開始的10%是四點二公里，距離標示通常都是從五公里開始比較多，所以大約以五公里剛剛好。

起跑前可以稍微慢跑暖身。但是就算身體變暖，心臟和血液循環等等循環機能要完全適應還需要時間。這就像在冬天的清晨要發動車子前必須先暖車一樣。

特別是在比賽中，容易讓選手精神亢

奮。就算身體機能還沒完全啟動，只要腦袋興奮就能只靠著衝勁往前跑。但這衝勁遲早會變成多餘的疲勞，比賽後半會帶給你身體上的負擔，當發現的時候就已經太晚了。

建議一開始的五公里就當作是暖身操的延長，不著急、放輕鬆的前進。

千萬不要全力衝刺，或是比預定的速度還快的速度。就算比預定的速度慢個十秒、二十秒，只要身體暖了一切都不是問題。落後一分鐘左右，都是還可以挽回的。

掌握身體變化的契機

在跑馬拉松的幾個小時中，身體狀況不可能一直保持一樣的狀態。不停地、激烈地新陳代謝，氧氣交換，反覆水分與廢物的排泄。就像海浪一樣，有平穩的時候，也有波濤洶湧的時候。

身體的變化也一樣，痛苦的感覺也會波動。痛苦的程度不可能會一直持續，持續前進之後，慢慢的又會變輕鬆。但是，輕鬆的時候不要緊，痛苦的時候，身體總是會用到多餘的力氣。

如果能輕鬆度過比賽起跑後的五公里，將這種輕鬆感延續到比賽後半，身體就較能承受一波接一波而來的變化。但是一開始就身體僵硬的話，這種僵硬會一直影響到比賽後半，被變化的波浪打亂，很難去維持理想的配速。

如果一開始五公里的速度是破4的速度的話，時間大約是二十五分到三十分。剛好是進入燃燒脂肪開始活躍的時期（待第7章說明）。為了能善用這燃燒脂肪的好時機，最重要的是放輕鬆。

從興奮到冷靜狀態

有時候一場比賽會有好幾萬人參加，路跑賽簡直就像一場祭典般的熱鬧。輕快的音樂、吶喊聲、直升機的轟隆聲、觀眾的歡呼聲、再加上起跑時的槍聲……在這種情況下只要是跑者，心情一定會變得緊張又興奮，更何況是沒有甚麼比賽經驗的初學者。

但是，太過於興奮也不好。興奮的狀態，就像酒醉時一樣，會讓人的腦袋空白。好不容易擬好的理想配速和策略，甚至連暖身也會不知道忘到哪裡去。

要確實的照自己的目標跑完，必須要在興奮的狀態下，隨時保持冷靜才行。

所謂冷靜是指何種狀態呢？首先是能冷靜的觀察周遭，以及能客觀的掌握自己的狀態。

「那個人腿的肌肉練得十分結實，應該是可以破3的選手吧？」觀察與評估周遭的選手等等。

再加上該帶的衣服、計時晶片等等東西有沒有漏掉，心情上也要有餘裕地去確認是否準備妥當才好。

要整體的去規劃比賽

要駕馭馬拉松，必須要具備心、技術與體力的綜合力。想跑好馬拉松，必須要從起點到終點當作是起承轉合的過程來思考，也就是要具備整體的調整能力才行。所謂要整體的去規劃比賽，就是在跑步的時候不時去預測接下來可能發生的事。

馬拉松剛開始的五公里，是起承轉合「起」的部分。它是一個開始，影響比賽後半要怎麼跑，是掌握契機的關鍵。

一開始的五公里就算雙腿輕快、狀況不錯，也不能把速度拉得太快。好的狀況有時候是興奮而引起的。

就算狀況再好，一定也只能照平常練習的速度跑完全程。馬拉松沒有偶然，更沒有所謂初學者的運氣。

不能只靠當下的狀況去判斷。起是導入的部分，要如何順利地接到比賽後半，才是正確的判斷重點。

但是對於經驗不足的初學者來說，一定不知道剛開始的狀態要怎麼接到比賽後半吧。在這裡給大家一個建議。

一般而言，跑馬拉松的時候「一開始感到腳沉重會比一開始腳輕，還容易來得有好成績」。請大家記得這一點（待第6章說明）。

不累積乳酸

甚麼是乳酸？

所謂乳酸，就是體內能源的葡萄糖和肺裡吸進的氧氣相結合燃燒後產生的物質。激烈運動時，糖分和氧氣如果沒有結合完全，引起不完全燃燒的話，就會大量的產生乳酸。

血乳酸值是用 mmol/L（=mM）為單位。沒有運動時，血乳酸值大約是 1.0mM/ℓ。這個值如果超過 4.0 mM/ℓ 時，就是處於前面提過的無氧運動的狀態。

跑全馬的過程裡，這個乳酸的累積程度，會影響肌肉的疲勞程度。也就是，要用不累積乳酸的速度（完全的有氧運動）前進，或是訓練用一定的速度跑步也不會累積乳酸，持續前進，成績也會變好。

如果想要以科學方法訓練的話，市面上有賣從手指頭取一點血液就能測出自己的乳酸值的機器。在做完激烈的訓練之後，不妨確認看看自己的血液乳酸值。透過測量出的乳酸值可以判別，自己做的訓練到底是屬於激烈的運動還是輕鬆的運動。

腳會變得沉重的原因在於乳酸

如果大量的累積乳酸時，對身體到底會產生甚麼樣的影響？

跑者們一定都有跑步跑到腳變得沉重，全身感到倦怠的經驗吧。累積乳酸後，我們的肌肉會缺少柔軟性，變得僵硬。這會阻礙肌肉的收縮，帶給腳和身體沉重感。

比賽裡，我們努力企圖將沉重的雙腳踏出去，但這樣容易變成僵硬的跑法。在這種僵硬的跑法下，就算短時間內拉回速度，也沒有辦法持續。在跑法變得僵硬之前，為了不去累積乳酸，重要的是去控制跑法和速度。

比賽的隔天腿會肌肉痠痛，累積乳酸也是其中一個因素。不讓肌肉痠痛的方法，就是促進血液循環，消除堆積在肌肉裡的乳酸。比賽後充分的收操或是長時間的泡澡，都有消除乳酸的效果，不妨試試。

提高乳酸閾值的訓練

有一個練習能盡量抑制乳酸的累積。這個叫做「LT訓練」。「LT」是Lactate Threshold的簡稱，是「乳酸閾值」的意思。

一九九七、一九九八年在箱根驛傳拿到冠軍的神奈川大學大後榮治教練，是這個練習理論的權威。神奈川大學就是採用這個練習成功之後，一夜之間受了日本國內大家的矚目。

具體來說，這個到底是怎麼樣的練習。

（220－年齡－靜態時的心率）×0.5＋靜態時的心率

乳酸閾值，就是指乳酸開始急速累積時的運動負荷。在跑步裡，乳酸開始被累積時的速度（配速）就是乳酸閾值。要正確地掌握自己的乳酸閾值，必須要用各種配速跑步，並分別去採取血液，調查當時的乳酸值才行。為了要提高乳酸閾值，建議在開始囤積乳酸的極限內做配速跑（待第5章說明）的練習。

要去測量乳酸閾值雖然不容易，但可以利用和乳酸閾值關聯性很高的心率來當參考基準。只要裝上心率監視器，大家都可以知道LT的速度。這過算法請參考上方的算式。

用這個算式算出來之後發現，我的乳酸閾值（LT）的配速是：一分鐘一一九的心率。這就是用恰當的節奏去慢跑的負荷程度。

小小的衝速，大大的打擊

一開始衝太快的悲劇

許多參賽者在一般路跑賽裡常常會發生這樣的情況。

特別是在一開始路又窄，跑者又擁擠時，要到達起跑線需要花許多時間。排在後面時，就算聽到鳴槍起跑也沒辦法往前進，心情容易變得煩躁。

等了一會兒開始慢慢前進，正式抵達起跑線時，很多跑者心裡會想要挽回落後的時間而像短跑賽一樣衝出去。

這個衝刺是悲劇的開始。不要小看這短短的數十公尺，在還沒做好暖身的狀況下做激烈的無氧運動的話，這後果會到比賽後半帶來大大的影響＝打擊。

在檀香山馬拉松超過三十公里之後常可以看到這種景象。那就是身體健壯的年輕男性跑者拖著腳在徒步前進的樣子，甚至有跑者沒辦法跑步直接坐在路邊。

看起來很有體力的年輕男性跑者之所以變成了這樣的下場，就是前半段的速度過快，不然就是一開始衝太快了。

不使用體幹的彈跳跑法

比賽開始需要注意的事，除了不能像短距離一樣衝太快之外，也要注意跑步方法。

在第2章裡介紹了跑長距離的理想跑法，就是要使用體幹。使用體幹的跑法，不只是用到腿的肌肉而已，也會動到腹肌、臀部肌肉等等大塊的肌肉去吸收著地時的衝擊。

把著地時產生的能量稍微改為往前，就可以產生讓身體往前的推進力。所以並不需要逞強使用小腿的肌肉去蹬地。但是比賽一開始時往往沒辦法那麼順利做到。

比賽開始前，由於沒有疲勞感，腿的肌肉處於新鮮的狀態。也就是腿的肌肉處於有彈跳力的狀態，平常習慣運用彈跳力的跑者，容易在這時候也用跳躍式的跑步方法。但是，這樣的跑法是沒辦法維持配速到比賽後半的。

好不容易學會用體幹跑步的選手，如果在比賽一開始不使用體幹的話，會接連的影響比賽後半的表現。

就算腿的肌肉有彈跳力，千萬也不要忘記以體幹跑步的基本。

補充水分時也要小心

不是只有在比賽一開始會變成像在跑短距離的無氧運動，有時候在比賽中途也會發生，那就是每隔五公里設置的給水站，所謂的補給站。

路跑賽的參加人數愈多，愈難去拿到海綿和水。天氣熱的時候，遠遠的看到補給站，會想立刻去取水來喝，這時候速度就容易變快。稍微變快是不要緊，但心情一著急，容易變成衝刺的速度。

在比賽前半還看不出疲勞時，或是過了十五公里身體變暖時，會蠢蠢欲動想要去加速。如果快接近補給站時，更容易速度變快。

就算是在比賽中途，無氧運動也會影響到比賽後半，請一定要小心。

口渴前要補充水分

補充水分的功能

半馬以上的馬拉松賽，沿途一定設有給水站。現在連十公里這種短距離的路跑賽，也都設有給水站。

給水站的位置可不是隨便設置的。像是奧運這種頂尖選手出賽的比賽，規定每隔五公里才能設置給水站。以市民跑者為對象的路跑賽，也大多遵循這個規定，每隔五公里就設置。但是在氣溫比較高的地方舉辦的比賽，有的時候每隔二點五公里就設有給水站。

補充水分的功用有兩個。第一是補充我們在呼吸和排汗的過程中流失的水分。第二就是降低因為跑步而升高的體溫。

在夏天的比賽，比賽前和比賽後相比，體重有可能會掉到三公斤以上。這些幾乎都是流失的水分。頂尖選手在比賽全力跑步時，據說體溫會超過四十度。

給水站的功能就在於緩和這嚴酷的狀況。在國外會用 refreshment stations 的字眼。全馬和超馬（例如一百公里以上的超長距離）賽裡的補給站則不只是給水，也會有食物和鹽分。那是由於跑步經過好幾個小時後，容易體力耗盡或是流失太多汗導致鹽分不足。

補給站的功用在考量選手的狀況，提供符合氣候和比賽特性的各種補給。

口渴時已經太晚了

水分，要少量頻繁地去攝取。雖然依比賽的氣候條件有所不一樣，但如果是隔五公里就有給水站，就算口不渴，也建議從五公里就開始去補充水分。隔五公里才有給水站的話，一次沒拿水，就意味著到十公里之間都沒辦法補充水分。

人的身體反應會有一點時間落差。如果感覺到口渴時，其實就可以判斷身體已經流失了許多水分。再加上在路跑賽裡，身體由於處於興奮的狀態而導致反應遲鈍，脫水的可能性會變高。要在口渴前就去補充水分，這才是安全的。

在超過二十度的炎熱天氣裡參加路跑賽，補充水分扮演了決定成績好壞的關鍵。在炎熱的天氣裡比賽，一定要隔五公里就要補充水分和拿海綿。而且一次只拿一個是不夠的，甚至可以一口氣取三個紙杯。如果有好幾張補給桌的話，可以分幾次去拿。

在國外的比賽，常常會看到住在比賽路線沿途的居民準備私人的補給站。也可多利用這種私人補給站。

補充水分的種類和拿法

在補給站裡準備的飲料，大致以水為主。如果大會的贊助商是飲料公司的話，補給站就會擺有運動飲料，這會依比賽狀況而有不同。

補給站準備的水會以不同的形態提供給選手。喝的水會裝在紙杯裡，冷卻身體的水會用海綿提供。

水和運動飲料擺在一起時，要先確認杯子裡裝的是甚麼。如果把運動飲料從頭澆上去的話，刺痛眼睛時就麻煩了。

接下來是補充水分的方法。

靠近給水站時，先看清楚確認桌子的位置。跑在前面的跑者一定伸手在取水吧。先決定好看哪一張桌子比較好拿，然後慢慢減速，去抓桌上的水。

如果是裝在紙杯裡的話，與其橫向去抓，不如從上方把手指插進去杯子去抓比較不會有打翻水的風險。而且一隻手一次可以抓兩、三個杯子。

一邊跑步，一邊把水淋到頭上，或是喝喝水。一定要淋的身體部位是後腦杓和大腿的前側。這兩個部位對跑步會有影響。如果身體或是腿、腳的某處在痛的話，也請記得用淋水緩和。

喝水的時候，一口氣就想喝完容易嗆到，冷靜的分好幾次喝會比較好。如果沒辦法邊跑邊喝，可以停下來喝或是改用邊走邊喝。就算多花一點時間，在炎熱的天氣比賽，喝水是最必要的。

給水站很擁擠時，不要急急忙忙地去拿水，先確認有沒有其他桌子也能拿。盡量去選距離遠一點的桌子才會取水順暢。不要加快速度，反而是減速，用冷靜的心情去取水才會成功。

專用飲料

有菁英選手出場的比賽，通常會準備擺所謂「專用飲料」的桌子。以市民跑者身分參加的選手，不可以弄錯拿到這桌子上的飲料。

專用飲料是菁英選手各自花工夫準備的。瓶子的形狀，裡面的飲料，只要不違反驗尿問題，裝甚麼都自由。

過去慕尼黑奧運（一九七二年）裡得到男子馬拉松冠軍的Frank Shorter（美國）把沒有氣的可樂當作專用飲料來喝，造成轟動。據說八〇年代日本的代表選手瀨古利彥選手，在紅茶裡加蜂蜜當作是專用飲料。

最近的選手多半會喝讓身體好吸收的茶，或是含有胺基酸的機能性飲料。目前的跑者專用飲料也善用科學技術。

市民跑者沒有辦法放自己的專用飲料在補給桌上。如果想要補給自己專用的飲料或是食物時，可以放入隨身腰包或是拿著跑。

肚子餓的時候

飢餓擊倒

比賽中身體容易發生的問題，不只是脫水症狀。沒有能量時容易引發所謂「飢餓擊倒」（hunger knock）的症狀。

所謂飢餓擊倒，就是在低血糖的情況下，呈現身體不聽使喚的狀態。這時候不只是身體，連思考能力都會衰退，請特別注意。

飢餓擊倒不只是馬拉松、自行車、越野滑雪等等需要持久力的運動裡常看到。據說自行車競賽的選手特別容易遭遇飢餓擊倒。自行車選手通常會花四至五個小時訓練。雖然說他們用的是自行車這個工具，但以比賽距離和時間來講，都超過了馬拉松。

和氣溫高的季節比起來，飢餓擊倒容易在氣溫比較低的冬天發生。那是因為氣溫低，相對地需要大量的能量才能維持體溫。所以就算攝取一樣的東西，天氣寒冷的時期比較容易消耗能量。

在路跑賽裡你的肚子曾經餓過吧。如果距離終點只剩幾公里的話，抵達終點之後再去補給卡路里就好了。但如果還剩十公里以上，一定要想辦法補充能量才安全。肚子餓就是飢餓擊倒的前兆，千萬要注意。

吃早餐的方法和預防飢餓擊倒

在比賽裡為了不發生飢餓擊倒，我們要好好準備比賽前的飲食才行。

跑完馬拉松需要的卡路里，是不運動時的好幾倍。只靠平常的飲食是無法囤積這麼多能量在身體裡的，必須要攝取足以跑完全程的卡路里才行。

雖然從比賽前一天晚上就開始攝取能量，但比賽當天早上還是要吃飽，這樣才能預防飢餓擊倒。

攝取的卡路里，馬上會被轉化成能量的碳水化合物較為適合。關於肝醣超補法（大量的在體內囤積碳水化合物）會在第8章詳細說明。要從早餐攝取碳水化合物，建議可以吃白米、麻糬這種比較好消化的食物。

比如說，平常早餐只吃一碗飯的人，建議在比賽當天的早餐吃個兩碗飯。再加上麻糬質量小消化也快，卡路里又高，很多選手會在跑馬拉松之前吃。有可能被飢餓擊倒的人，平常的早餐就算以吃麵包為主，比賽當天可以改吃白飯和麻糬試試。

要自己帶食物

容易被飢餓擊倒、或是跑步時無法忍受肚子餓的人，建議你自己攜帶食物。雖然說是食物，也必須是放得進腰包的大小和重量才行，考慮到體積小、好消化、又可以補充足夠的卡路里時，能量型的補充劑應該是最好的選擇。在慢跑用品專賣店或是在百貨公司的運動用品專櫃，通常都有販賣。

也許你會因為種類過多而不知道要選甚麼才好，這時可以請店員挑選糖質補充劑給你。

在比賽中途肚子餓，通常都是過了二十公里之後。只要稍微感到餓肚子，就要及早處理。在嘴裡含著攜帶的補充片，讓它慢慢溶化，就可以預防飢餓擊倒。

攜帶糖質補充劑的時候，記得要注意糖的種類。

為了從飢餓擊倒恢復，能馬上吸收成能量的糖質是最適合的。但有些糖的種類由於太容易被吸收，只要大量攝取，就會產生胰島素這種抑制血糖功能的賀爾蒙。如此一來，好不容易升高的血糖值又會降低，飢餓擊倒會繼續惡化下去，造成反效果。

如果攝取的補充劑，它的原料是不影響胰島素的果糖，那就沒有以上的擔憂。

透過訓練去發現自己的類型

容不容易被飢餓擊倒，據說會因個人的體質而異。在練習過程或是在比賽裡體驗過飢餓擊倒的人，或是一跑步就會肚子餓的跑者，應該都算是容易引起飢餓擊倒的體質吧。這似乎和體型的胖瘦沒有關係。

飢餓擊倒是可以預防，就算萬一發生，只要事先做好準備的話就不需要擔心。

建議你用很慢的配速練跑二至三個小時，看看自己是屬於哪一種類型的跑者吧。

第 4 章

比賽中的疼痛管理

萬一疼痛還是不消退的話，放棄跑步，建議改用走路完成賽事。雖然得視當時還剩多少公里，但這樣做比較能確實地抵達終點。掩護痛處跑步而失去身體的平衡，這樣除了痛處之外，還會增加整個身體的負擔，甚至也有可能留下後遺症，請一定不要這樣做。

在比賽中，身體的某些部位疼痛時，該怎麼辦才好？馬拉松是長距離的比賽，就算你以為自己做好充分的練習和萬全的準備，還是會可能因為小小的失衡而發生疼痛。

側腹部疼痛時

側腹部的疼痛和呼吸有關

突然開始跑步時，應該都有過側腹部痛的經驗吧。大人會有這種症狀，但在小孩身上好像更常發生的樣子。

通常側腹部的疼痛，會沿著肋骨最下方的骨頭引發劇痛。有點類似神經痛的感覺。

小孩子往往不擅長表達，他們也許只會說「肚子痛」，肚子的疼痛，會依痛的位置原因有所不同。

胃裡留有食物或是喝太多水時，胃的部位，也就是心窩附近會感到疼痛或是噁心。

側腹部的疼痛和呼吸關係比較深。平常不做激烈運動的人，突然去運動時，也就是「突然跑步」時，需要大量的氧氣，這個量是日常生活中很難想像得到的。

大部分的人，平常都是靠胸式呼吸。但激烈運動時，自然的會轉換成腹式呼吸。腹式呼吸會牽動橫膈膜，因此，橫膈膜和牽動它的肌肉群會激烈的運動。總之，側腹部疼痛的原因，就是平常不太動的肌肉群突然開始運動所引起的。

側腹部痛時的處理方法

側腹部的疼痛通常是突然發作，疼痛激烈時甚至會讓人蜷縮起身體。這時候，不要逞強繼續跑步。一定要先停下來，鎮定心情，慢慢地做深呼吸。疼痛時，身體會處於緊張的狀態而變得僵硬。就算放著甚麼都不做，側腹部的疼痛也不會那麼容易消失。先消除緊繃的身體，放輕鬆，這樣疼痛就會慢慢地消失。

側腹部疼痛的原因，往往來自呼吸器官的負擔突然增加，所以只要不要突然跑起步來或是在跑步時瞬間加速的話，都不用擔心。準備開始跑步時，先從走路開始，像這樣慢慢去拉長距離。要加快速度時也不要暴衝，要慢慢地一點一點去加速。

積極地跑步，或是對跑步產生很大的興趣時，很容易陷入跑過多的問題，但是身體是需要時間去習慣的。

腰部疼痛時

比賽中腰部的疼痛和原因

比賽中突然腰部痛的話，跑者在心情上會緊張。腰部的疼痛是沒辦法靠修正跑法來消除的。只要踩出每一步，劇痛會傳到整個腰部。

跑者常見的腰痛，往往有兩個原因。一個是背部肌肉的僵硬，牽動腰部肌肉而引起。另外一個是不用臀部的肌肉、而是用腰的肌肉去承受踩地時的衝擊所引起的。

會引起這樣的疼痛，很有可能是跑步的姿勢出了問題。理想的跑姿是挺直背肌，只要稍微駝背，就可能會引發這樣的腰痛。

比賽中如果出現腰痛時，先確認自己的姿勢，如果是駝背引起，可以先修正跑姿試試。姿勢不先調整，痛處不會消失。

如果過度忍耐腰痛，有可能會留下後遺症，要特別注意。腰痛有時也會連帶引起髖關節和坐骨神經的疼痛。

比賽後半會出現的腰痛

就算比賽一開始正常，到了比賽後半腰痛就出現了，是否有過這樣的經驗呢。比賽後半發生腰痛的原因，在於疲勞而導致跑步姿勢不正確。全馬通過三十公里之後，累積的疲勞會達到最高峰。這狀態就像一路熬過痛苦的細線突然被切斷似的。

人的疲勞到達極限時，容易垂頭往下看。視線變低，就會駝背，用不正確的姿勢跑步。姿勢不正確時，身體最容易累積負擔的部位是膝蓋和腰。疲倦時並不代表體重減輕，跑步著地時的衝擊會傳到膝蓋和腰部。一直垂頭，一直用不正確的姿勢跑步，這兩個部位的負擔就一直加重。

這時候試著稍微放慢速度，或是邊跑邊做上半身的伸展，試著拉直姿勢。改變視線也是一個方法。看著跑在前方的選手和風景，試著去轉變心情吧。

找回臀肌和腹肌力量的方法

要改善比賽後半會出現的腰痛，還有其他好方法。那就是抓回體幹力，強化身體的軸心。

雖然沒辦法邊跑邊做喚醒體操（請參考第2章）等等補強體幹的運動，還有其他補救的方法。

靠腹肌和臀肌承受著地時的衝擊吧。這些肌肉靠自己的手就摸得到，你可以一邊跑一邊用手或是手指敲打、揉揉看。至於要甚麼時候做，可以在著地時的瞬間用手刺激它們。刺激肌肉，它會變得容易收縮，用觸覺喚醒因為疲勞而僵硬的體幹肌肉。

這方法也能讓緊繃的肩膀放輕鬆。平常慢跑時就能派上用場，不妨試試看。

邊走路邊調整

比賽中引起的腰痛如果惡化，試圖用各種方法改善但還是沒辦法消除疼痛時，那該怎麼辦才好？

像跑步這種會伴隨衝擊力的運動裡，激烈的腰痛是無法瞞騙過去的。忍著疼痛，逞強繼續跑，會有留下後遺症的風險。

這種時候，果斷的停止跑步，改成用走的試試。改成走路之後，也許配速會從一公里五分四十秒（也就是破4的配速），掉到一公里十分鐘。雖然時間的損失是難免的，但這比抱著疼痛逞強繼續跑來得好。

改成走路對腰的負擔會減輕許多。走路對身體的自由度比跑步高，你可以邊走路邊做各種伸展運動。針對腰部和背部做伸展的話，一定可以減輕腰痛。試著做五分鐘的伸展之後，如果腰痛改善了的話，就重振精神，放輕鬆重新再跑起來吧。

㈩膝蓋疼痛時

跑者膝

在比賽中，常常會引起膝蓋痛。膝蓋的疼痛和腰一樣，起因來自不正確的姿勢。或是許多剛入門的跑者，腿部的肌耐力本來就不夠而發生。

關於膝蓋的疼痛，與其說是在比賽中突然發生，其實很多時候是在平常的練習中就已經在痛了。在比賽起跑前，常常會看到膝蓋一帶貼紮的跑者身影。明顯的就是在平常的練習中，就處於膝蓋裝有炸彈的狀態之下。

發生膝蓋痛的原因很多，但在馬拉松裡，常見的是膝蓋外側的疼痛，也就是所謂「跑者膝」的髂脛束症候群。

跑步對膝蓋的衝擊不小。著地時，重要的是用體幹的大塊肌肉去承受著地時的衝擊，但除此之外，腿的肌肉，特別是大腿前側的肌肉（股四頭肌）也要發達才能去承受衝擊。

膝蓋的疼痛，多半發生在大腿的肌耐力變弱，或是大腿肌肉不太聽使喚時。

要避免膝蓋痛，最好的方法是參加比賽之前就要去強化肌耐力。如果在比賽中膝蓋痛了起來，可以選擇以下三個方法：

1找回體幹的力量

跑步姿勢變得不正確，或是沒有善用到體幹肌肉時，常常會引起膝蓋疼痛。這時候放慢跑步速度，做個伸展操去伸直背肌。接下來用手敲打刺激腹肌和臀肌。持續一陣子之後，體幹應該就能恢復力氣了，並且減輕膝蓋的負擔。

2暫時改為走路

如果是輕微疼痛的話，試試暫時改為走路。一邊走一邊減輕膝蓋的負擔，透過伸展（第6章會詳述）解除身體的緊繃，這樣疼痛應該也會慢慢消失。

3做大腿的伸展

這樣還是沒有改善，就停止前進，暫時離開賽道到安全的地方做伸展。特別是大腿前側的肌肉此時一定很僵硬，要細心的去做伸展。不去著急時間的流逝，先讓身體的狀態恢復，才會有好成績。

萬一這樣做疼痛還是不消退的話，放棄跑步，建議改用走路完成賽事。雖然得視當時還剩多少公里，但這樣做比較能確實地抵達終點。掩護痛處跑步而失去身體的平衡，這樣除了痛處之外，還會增加整個身體的負擔，甚至也有可能留下後遺症，請一定不要這樣做。

㈦腳踝附近疼痛時

腳踝下方疼痛的時候

腳踝附近的構造複雜，是一個很敏感的部位。有腳踝、腳跟、腳底、腳尖、阿基里斯腱等等，接下來依部位個別說明疼痛的原因和對策。

首先是腳踝下方的疼痛。

腳的內外側兩邊都有腳踝。腳踝是腳的樞紐，相對地著地時的負擔很大。腳踝下方的疼痛，通常不會兩邊同時發生。通常只是內側或是外側某一邊痛。原因在於跑步時失去左右的平衡，導致增加腳踝附近的負擔。

就算自以為跑得很穩，但有時候因為道路邊緣不平，打亂平衡感，而引發了腳踝痛。在引起疼痛之前就感到不對勁的話，先要找回跑步時的左右平衡感。不對勁的意思是指：不痛但有種「怪怪」的感覺。

如果原因是道路不平，那就盡量找比較平坦的地方，就是道路中間繼續跑下去比較好。

如果是寬路，有些路面車的輪胎溝痕比較深，路不平，這時候跑在溝痕上方比較平的地方，帶給腳踝的負擔就會小得多。

腳跟疼痛時

如果有跑者平常只在草地或是泥土地面這種柔軟的地方練習，突然去跑硬面的道路，這時會帶給腳底很大的負擔。如果跑步姿勢上沒有問題是還好，但有些人的跑步姿勢容易引發腳跟的疼痛。

鞋子的外側底部如果太薄，也容易造成腳跟的負擔。

每一雙鞋的鞋底厚度和彈性都不同。前面也提過，初學者和上級者適合的鞋子很不一樣。腿的肌耐力還沒發達的初學者，如果穿著薄鞋底的鞋子上場，就容易引起腳跟的疼痛。

比賽途中如果腳跟感到疼痛時，請先放慢跑步的速度。跑道旁邊如果有草地的話，就先跑在草地上，應該能暫緩腳跟的負擔。

萬一這樣也沒辦法減輕疼痛，那麼就先停下來做伸展的動作。先緩和連接腳跟的阿基里斯腱和小腿的肌肉，減輕腳跟的負擔。

腳背疼痛時

腳背，是由許多細的骨頭組成，構造複雜。基本上這個部位有許多細的肌腱，很容易引起腳的肌腱炎。如果腳背的疼痛放著不處理，很容易導致肌腱炎，要特別注意。

疼痛的原因不只是著地時的衝擊，也有可能是比賽中腳的脹大引起壓迫。如果鞋帶綁太緊，鞋子壓迫到脹大的腳，就增加了負擔。

當腳背疼痛時，就算在比賽之中也要停下來，先鬆綁鞋帶是一個解決方法。

此外，腳背的疼痛可能引起肌腱炎，疼痛的部位會變熱。用手摸如果覺得有一點熱的話，試試到補給站時用水冷卻。心情上、以及疼痛的情況好轉時，在不逞強的範圍內再重新出發吧。

腳底疼痛時

「足底筋膜炎」是跑者代表性的運動傷害之一。

所謂足底，就是足弓的部分。足弓是只有兩腳步行的人類才有的。它的功能除了能夠緩和著地時的衝擊之外，走路或是跑步時可以控制平衡感，是一個很重要的部位。

所謂足底筋膜炎，就是因為跑了過長的距離，導致足弓因為疲累無法運作，而引發足底筋膜的發炎。這種傷需要比較長的時間才能治好，要特別當心。

在比賽中之所以腳底痛，有可能是因為平常練習累積的疲勞還未消除的關係。或是在平常的練習中就已經感覺疼痛，還逞強出賽，如此一來比賽中發生疼痛的風險就很高。

在比賽中較難處理腳底的疼痛。平常練習時感到疼痛，就要充分的休息，用按摩腳底保養身體。此外，身體還處於疲勞的狀況下，就不要參加馬拉松比賽。

阿基里斯腱疼痛時

阿基里斯腱疼痛，那就麻煩了。來自希臘神話的這個名字的意思，代表著人的弱點。由此我們可以知道，這裡是人體較敏感的部位。

跑長距離不像短距離衝刺或是其他球類運動，產生強烈的負荷造成阿基里斯腱的斷裂。但是阿基里斯腱的發炎，是長距離跑者代表性的運動傷害。

阿基里斯腱的疼痛，通常發生在踢腳比較強的速度型跑者身上。所謂踢腳比較強的跑法，就是用膝蓋以下的小腿肌肉，往後用力踢的跑法。這樣跑可以伸長步幅，增加速度，但是也容易導致小腿肌肉的疲勞，造成阿基里斯腱的負擔。

比賽中阿基里斯腱疼痛的話，首先試試看能不能盡量不用到小腿力量。縮小步幅，刺激腹肌和臀肌等等體幹的肌肉，這和腰痛時的對應方法一樣。從大步幅的跑法改成提高回轉數的 pitch（高步頻）跑法，可以減少阿基里斯腱的負擔。

在練習中感覺疼痛，並持續一段時間都未好轉的話，發炎的可能性很大。在參加比賽之前，建議先透過針灸或是按摩的治療治好它。

預防起水泡

起水泡的原因

不只是跑步，只要做不熟悉的運動時，常常在身體的某些地方起水泡。棒球裡，只要握球棒的手起水泡，就會影響正常的揮棒動作。跑步也一樣，腳起水泡疼痛時，沒辦法正常跑步。

起水泡是一種低溫的燒傷，原因來自熱度。這個熱來自摩擦。首先是來自鞋子和腳之間的摩擦。鞋子的尺寸過小，或是過大時，腳的皮膚會摩擦生熱。跑鞋的通氣性，就是為了排熱的功能。

必須要留意的是，在跑步中跑者的腳是會膨脹的。為了預防起水泡，與其穿一雙合腳的鞋，選一雙稍微大一點的鞋比較好。

鞋子的大小就算適當，但跑累時，不正確的跑步姿勢也會產生摩擦，這時候常常容易集中在一個部位起水泡。請留意，若腳的某個部位疼痛，還忍著痛繼續跑的話，很容易會長出水泡。

炎熱的天氣裡參加比賽，受到陽光直曬在地表上產生的熱溫也會誘發水泡。這時候盡量穿通風的鞋子，或是在鞋內不變滑的程度下，在補給站澆水在腳上，做冷卻的措施。

預防水泡

在比賽中起水泡時，它的處理方法還滿麻煩的。最好的解決辦法，就是事先預防水泡。選一雙適合自己的鞋子固然重要，物理上為了防止摩擦，也可以使用潤滑劑。比賽前在腳上塗滿藥局賣的凡士林，可以減少摩擦，預防水泡。

參加一般的路跑賽發現，有些主辦單位甚至會準備潤滑劑。最近也有操作簡單的噴霧式潤滑劑，似乎正慢慢普及。

鞋子和腳之間的「襪子」，也有各種設計和選擇。五指襪，腳底有防滑功能的襪子，或是依腳型剪裁的襪子等等，標榜跑步專用的商品種類琳瑯滿目。

反過來，最近也有跑者認為不要穿襪子比較好。

試試各種方法，找到適合自己的方式，再去持續就對了。

緊急對應方法

做了預防水泡的對策，但還是在比賽中起水泡或是快要起水泡時，那要怎麼處理才好呢？

首先，在痛處惡化之前，先放慢速度，試著找原因。如果是為了保護其他疼痛的部位而失去平衡，可以先用走路找回跑步的平衡感，特別是左右的平衡感。

平衡感被打亂時，腳底在著地時會產生偏差，慢慢的會引起摩擦生熱。

如果鞋子的大小不合或是襪子的移位是原因的話，先停下來鬆綁鞋帶，或是把襪子重新穿好。如果離終點還有十公里以上距離，與其在乎時間拉長，還不如選擇如何才能跑好，這樣才會有好結果。

前面提到，在補給站拿水澆在腳上冷卻的方法，但如果澆太多讓腳在鞋裡游泳，要注意會產生反效果。

很少跑者會說：「每次起水泡的位置都不一樣。」大多數跑者的煩惱都是來自每次都在同一個部位起水泡。跑步的壞習慣會誘發水泡，所以要盡量努力在比賽中減少壞習慣發生。

鼓起勇氣決定棄賽

「都出賽了，絕對不想棄賽！」

這必然是所有跑者都會有的心情。為了這場比賽花時間練習，想到付出的努力和金錢、時間，就不想輕易棄賽。特別是沒辦法對家人和朋友交代，會覺得很對不起他們，很多跑者都會這麼想。

選手時期的我，也曾經在比賽裡因為肌肉拉傷被迫棄賽。那時候的羞恥感和挫折感讓我好一段時間都鬱鬱寡歡。比賽中雖然發現自己肌肉拉傷，但在替我加油的人面前，壓抑不住高昂的情緒，硬是逞強跑三十公里。可能也是這原因，傷勢惡化，影響了往後的一年都沒辦法跑步。現在想起來真是年少輕狂。

比賽中的疼痛，有可能沒辦法當下解決。在沒辦法解救的狀態中，失去平衡的狀況下繼續跑步，會在疼痛處之外的部位留下不好的影響。這個不好的影響常常是變成大傷害的一個原因。

為了表面的虛榮和束縛搞壞身體，實在對不起自己的身體。要有勇氣當機立斷的棄賽。再次重複，最好的解決方法就是做好萬全的準備，不淪落到棄賽。

第 5 章

練習

在擬定練習計畫時，先好好分析一個星期的工作模式，一天的生活模式，再去決定星期幾的哪一個時段能夠充實的練習，再把高負荷的練習排進去。以破 4 為目標，它所需要的練習絕對也不輕鬆。盡量去擬定一個不需逞強，能夠自然的融入到日常生活的計畫吧。

從生活習慣裡培養基礎體力

練習前的練習

馬拉松的練習基本上就是跑步。跑步需要時間、鞋子、衣服等配備，場所、毅力、體力等各種條件。但在做跑步的練習之前，可以先做一些功課。這稱不上是正式的練習，但如果先做起來的話，能夠很順利地進到跑步的練習裡。因此在這裡，就稱它為練習之前的練習吧。

練習前的練習，就是從生活習慣培養跑步的基礎體力。不是想到的時候才去做，把它當作是一種習慣。

比如說，不坐電梯和電扶梯，利用樓梯上下樓，如果要去捷運一站、兩站距離的地方，不用說計程車，連捷運都不要搭，改用走的。檢視自己的生活，會發現還有很多可以下功夫的地方。不用特別挪出時間練習，只要從平常的生活裡，習慣去動動身體和腳就可以了。

當這些變成一種習慣，一段時間之後你的身體一定會有所變化。這樣和甚麼都不做的時候比起來，能更順利地進入到跑步的練習之中。

檢視平常的生活模式

不知道拿起這本書的讀者，你抱持的目標是甚麼呢？在全馬裡要達成破4？還是去挑戰全馬的完跑？還不確定要不要挑戰馬拉松，但似乎滿有興趣的，哪一天想跑看看？相信大家的動機都不一樣，這沒有任何問題。大家想要挑戰馬拉松的方向是一致的。

那麼，為了這個目標首先必須要做的事是甚麼呢。買跑鞋？買服飾？報名路跑賽？

當然每一個都似乎很有道理。但是我的建議是先去「檢視自己的生活」。依年齡、性別、職業，每一個人的生活千變萬化，各有不同。為了跑馬拉松，希望大家都可以檢視自己每天的生活。

要挑戰馬拉松，心情上、身體上都要充實才行。大家一定都有需要改善的生活習慣吧，像是暴飲暴食，抽菸、睡眠不足等等。此外，只要想辦法，就可以減少生活中浪費的時間。

有了跑馬拉松這個大目標之後，心情多少會開始緊張，在生活裡心情上也會比較緊繃。更別提，如果跟親友表明自己的目標時，以上的現象會更加明顯。這時候，不要窮緊張，先去檢視我們無意間的行為舉止所累積的生活模式。

為了達成完賽這目標，大家多少都有需要修正的生活習慣。

雖然沒辦法一次全部改過來，但只要稍微去注意以前從未認真想過的行為舉止，就一定會產生變化。

利用起床和睡前

至於要如何把「練習前的練習」融入到生活習慣裡？這個需要在時間的使用方法上下點工夫才行。去利用睡前和起床後的十分鐘吧。

大家在起床和睡覺前，腦袋總是在放空吧。有效的把這個時間拿來做簡單的肌力練習，在日常生活裡就可以養成動身體的習慣。

至於練習的項目，因為是以跑馬拉松為目標，所以深蹲（請參考第2章）應該最適合吧。次數差不多在二十至三十次左右就好。如果自己覺得腹肌比較弱的跑者，也可以利用這時間做腹肌運動。

為甚麼要在這個時間做才好？

首先在起床時，做運動的好處與其說是增加肌力，不如說是透過肌力練習讓昏昏沉沉的自己完全清醒。它的好處在活絡身體和腦，迎接一天的開始。

睡前的話，透過肌力練習可以活化具有強化肌肉功能的賀爾蒙，讓它在睡眠中刺激肌肉。也可以幫助消化多餘的卡路里，預防體脂肪的增加。

不管如何，為了自己的身體有效的利用瑣碎時間，這是很重要的一件事。

先從走路開始

走路的習慣

在第2章裡曾提過，現代人真的變得不太走路。人不太走路，會變得如何？那不是單純只是運動不夠的問題，對於用兩腳步行的人類來說，很少走路的話腿的肌力和直立時需要的抗重力肌群就會衰退。

要開始進入跑步的練習之前，首先要改善不太走路的習慣，積極培養走路的習慣，奠定跑步之前的基礎。

在日常生活裡有許多可以走路的機會。希望可以把「走路很麻煩」的想法，一百八十度改成「走路其實很有趣」。

最好的練習

走路，也就是健走，在日常生活中，不管任何情況都是一種最好的練習。現今，可以說吹起健走的風潮，市面上賣健走專用的鞋子或是雜誌。甚至有教導走路方法的ＤＶＤ等等，滿足了消費者各種需求。

對目標放在全馬的跑者而言，健走是不可欠缺的。跑步初學者的練習內容裡，一開始一定都會安排健走。

千萬不要小看健走。在跑步前，如果沒有做好健走，會影響一個人的基本體力。

一流的菁英選手也一樣。愈是熟知身體的選手，在進入正式的練習之前，會徹底去做健行的練習。甚至有時候會花七到八小時，一直走路，去培養基本體力。

市民跑者當然不需要做到這種程度。但如果在日常生活裡積極的去走路，可以像菁英選手一樣，培養出體力和肌力。

正確的走路方法

健走是重要的基礎練習，但是不能用不正確的方法走路。正確的方法，才能影響之後的跑步練習。

也許會和第2章重複，但這裡再說明一次。

健走首先要注意的是：上半身的姿勢。伸直背肌保持身體直立的狀態，靠攏兩邊肩胛骨，將胸口一點一點敞開。這時候要注意肩膀不要往上抬。

接下來，腳要往前踏出時，盡量用骨盤去推動它。手腕的擺動就像跑步一樣，注意手腕的往後擺動。往後擺動會牽動到骨盤，就能順暢的踏出步伐。

腳踏出去時，要注意著地時肚臍下方的重心要踩到腳上才行。

一開始也許會覺得不習慣。但只要習慣的話，這些細微的動作也會變得很自然，屆時就會用正確的方式走路了。

駝背的人，特別要注意姿勢。

至於健走的速度，稍微快一點這樣練習才有效果。一般人慢慢走路的速度大約是一公里十五分鐘。練習裡的健走速度，大約介於之後會說明的ＬＳＤ的速度（一公里七到八分鐘）和慢走的速度之間比較好。具體來說大約一公里九到十一分鐘左右較為理想。

其實不用對走路的速度過於神經質，但切記一點，就是要有韻律的、用大的動作去走路即可。

走多久才算是練習

要花多少時間走路，才能稱得上是練習呢。連菁英選手都有人會花上八個小時，所以一般跑者也是能走愈久愈好。

可是，市民跑者的練習時間是有限的。就算想把練習融入到日常生活裡，但是由於沒辦法騰出較長的時間，只能用瑣碎的時間練習。

只要稍微去想辦法，也是可以利用早上通勤的時間吧。就算平常的穿著是西裝和皮鞋，但一天只要能做到三十分鐘左右的健走的話，至少可以達到當天最基本的練習量。

週末如果可以騰出充分的時間練習，大約有兩個小時就夠了。當作是跑步前練習基礎體力的練習。

在第2章裡曾提到，健走是進入正式的馬拉松練習時，既可找回基礎體力，又對肌肉是低負荷的一種練習。累積疲勞，或是腳感覺怪怪的、有受傷的風險時，建議把慢跑改成健走，這樣在不失去練習效果之下，又可以持續各種練習。

田徑賽裡你知道有一項競技叫做「競走」？在奧運裡，有二十、五十公里的競走的項目，參加奧運競走的選手大多以一公里四分多鐘的速度前進。這個速度就算一般的市民跑者全力跑步可能也跟不到他們。

競走的基本規則，就是絕對不能以跑步前進。也就是說：兩腳不能同時離開地面。要用這麼快的速度走路，必須要用盡上半身的力量，動感的使用骨盤，是一個高難度的「走路技巧」。可以說是終極的走路方法。

雖然只能在奧運或是世界錦標賽等電視轉播才能看到這樣的比賽，但是競走選手的走路技巧，可以當作我們健走練習的參考。

慢跑

慢跑是基礎中的基礎

所謂慢跑，就是用可以慢慢地與人交談的速度跑步。除了馬拉松之外，它同時也是各種運動的基礎練習。因此慢跑可以說是基礎中的基礎。跑步的初學者從走路培養了基本體力之後，接下來將進入短時間的慢跑練習裡。

初學者在慢跑時，由於還不習慣跑步，在跑步姿勢與速度上會不穩定。但是對慢跑這個基本練習不熟悉的話，是沒辦法進入下一個階段的，還是要盡力學會穩定的慢跑才行。

要學會穩定的慢跑，就算只有十分鐘的瑣碎時間也好，總之就是去增加慢跑的次數。如此一來頭腦和身體會慢慢地學會慢跑的韻律。

初學者到菁英選手，不管實力如何，慢跑出現在練習內容的頻率一定是最高。因為它是在奠定基礎上不可缺少的練習。千萬別以為它看起來簡單，就隨便去跑。

慢跑是萬能藥

慢跑是出現頻率最高的一項練習。晨練、速度練習前的暖身操、收操、比賽前的暖身、休息日的練習等等……除此之外，想減重或是想要抒發轉換心情時，也會去慢跑。

這是由於慢跑除了是基礎練習之外，它對身體的負擔比較小，具有彈性，能適應練習裡的狀況。慢跑稱得上是萬能藥吧。

至於慢跑對馬拉松選手的效果，把它比喻成中藥的話也許比較容易理解。只接受一天的治療，無法期待能有多大的改善，但是如果長時間持續，最後一定可以得到顯著的效果。因此在各種練習中持續慢跑，時間久了就能實際感受到跑步實力的提升和身體的變化。

腳傷剛治好的跑者，或是在練習裡累積疲勞的跑者，在消除疼痛和疲勞之後，建議先以放鬆的心情去慢跑。

正確的慢跑方法

剛剛提過慢跑具有萬能藥的效果，但若是用不正確的方式慢跑，也無法期待滿分的效果。在身體動作失衡的狀態下慢跑，是不正確的慢跑方式之一。

若你帶著腳的傷痛去慢跑，容易失去身體的平衡。慢跑如字義就是要以慢的速度跑步，儘管身體有一點疼痛也是可以做到的。但是在動作失衡的狀態下跑步，會一直影響到傷癒之後，使得失衡的跑姿成為壞習慣，造成難以修正的後果，要特別留意。

此外，任意地改變配速，一下子快一下子慢，沒辦法穩定地慢跑也是不好的慢跑方式。慢跑是奠定自己跑步韻律的基礎，盡可能用穩定的速度和韻律跑步比較好。

想要正確的慢跑，請注意下面三個重點。

1 緩慢、不逞強的範圍內，用穩定的配速跑步。

2 善用體幹，用正確的姿勢跑步。

3 用適合自己的韻律穩定跑步。

牢記這些重點去慢跑的話，「跑步」就會自然的變成你的一部分。

慢跑的速度會隨實力改變

慢跑的速度會隨著實力的提升變快。透過長期持續的練習，不只是跑步的韻律加快，跑步本身的技術也會提升。不需要用多餘的力氣，就可以輕鬆的往前進的話，速度理所當然也會變快。

如果是完全的初學者，慢跑速度大約是一公里七到八分鐘左右（七～八分速）。習慣跑步之後，速度會提升到一公里六分鐘左右（六分速）。變成上級者的話，一公里五分鐘左右（五分速）會是剛好的配速。

順帶一提，參加奧運級的菁英選手，他們慢跑的速度大約是一公里四分鐘～四分三十秒。這是一般市民跑者全力衝刺的速度。

不只是在跑步上，人的容許範圍，會隨著練習慢慢地擴大。

LSD

慢速跑長距離

馬拉松的練習裡，有一項叫做ＬＳＤ的練習方法。所謂ＬＳＤ就是long slow distance的略稱，意思是慢速地跑完長距離。

ＬＳＤ的速度要比平常的慢跑速度還要緩慢。對不喜歡用很緩慢的速度跑步的跑者來說，也許會有不耐煩的感覺。但對馬拉松選手而言，是一個很有效果的練習方法。對目標要跑完全馬的跑者來說，更是一定要放在練習內容才行。

ＬＳＤ的練習，原本是來自美國這運動生理學權威國家的一個想法。在日本一直到一九八〇年代，透過已故的佐佐木先生才開始慢慢被跑者廣泛地認識。

佐佐木先生獨自想出了以ＬＳＤ為中心的練習方法，透過這個練習他栽培出首爾奧運女子馬拉松的日本代表淺井惠里子（淺井えり子）選手之外，也指導了許多著名的馬拉松跑者。他的練習方法重點，是以很緩慢的速度在草地上進行ＬＳＤ訓諫。佐佐木先生是第一個把ＬＳＤ培養體力的效果活用到練習上的先趨者。

ＬＳＤ的效果

有助跑者培養體力的ＬＳＤ練習，我們可以分成三大效果。

首先是幫助開放肌肉的毛細血管。

肌肉裡，除了動脈與靜脈以外，存在著無數的毛細血管。毛細血管的功能在於把動脈搬運過來的氧氣和營養素交給末端的肌肉，然後把二氧化碳或是代謝物搬運到靜脈去。開放毛細血管，有助於有氧運動馬拉松所需的血液循環更加順暢。

第二個效果是塑造容易燃燒脂肪的身體。

慢速跑步的ＬＳＤ，完全屬於一種有氧運動。持續跑一段時間之後，身體的體脂肪能明顯的轉化為能量。因此ＬＳＤ有減少體脂肪的減重效果，以及改善體質，讓脂肪容易轉換成能量的功用。

第三個效果則是透過長時間跑步，鍛鍊出持久型的肌力。

肌力，除了爆發性的最大肌力之外，還有持久力的部分。最大肌力，是可以靠重量訓練提升。相對的，持續二至三個小時的ＬＳＤ則可以提高持久型的肌力。

ＬＳＤ如何放到練習裡？

接下來介紹ＬＳＤ實際的操作方法。

首先是最重要的跑步速度。ＬＳＤ的速度，會依跑者的實力而不同。對全馬可以在二小時十分內跑完的選手來說，一公里五分鐘的速度是在有氧運動的範圍內。但是初學者就不是如此。

對目標放在破4的選手來說，目標的比賽速度是一公里五分四十秒，如此一來平常慢跑的速度以一公里六至七分鐘剛好，ＬＳＤ練習則大約以一公里七至八分鐘就可以了。

ＬＳＤ必須要跑很長的時間，否則效果會減半。最少要六十分鐘，可以的話持續個九十至一百二十分鐘更好。跑步的速度慢，所以就算跑一百二十分鐘，實際的完成距離差不多是十二至十三公里。

當習慣了ＬＳＤ，一次可以跑三至四個小時時，相信你的全馬成績會大幅進步吧。

在做ＬＳＤ訓練時，請注意跑步姿勢。速度變慢，腰部容易往下沉，變成不正確的姿勢。ＬＳＤ是長時間跑步，當不好的跑步姿勢變成習慣會很難改掉，甚至影響到比賽。

為了準備比賽而處於累積距離的練習期時，希望你可以積極的做ＬＳＤ練習。一個月一次是不夠的，可以的話每隔十天就做一次。此外，在速度練習的隔天做ＬＳＤ也很有效果。

短距離全速衝刺（Wind Sprint）

練習的調味料

馬拉松的練習裡面，有所謂短距離全速衝刺的練習。

Wind Sprint（以下略稱為ＷＳ），它代表「有如風一樣衝刺」的意思，但實際在這個練習裡並不是完全盡全力衝刺，而是從數十公尺到一百公尺的距離，以比賽配速還快的速度去跑。剛開始也許會不習慣這種短距離的衝刺，但請放鬆，「有如風一般」去跑就可以了。

ＷＳ往往不會是主要的練習。通常都是在慢跑、ＬＳＤ或是持久型的練習之後才會做，是一種附加性的練習。它可以在短時間內刺激肌肉、運動神經和呼吸功能，並加強提高比賽前持久型練習的效果。雖然它不是主要的練習，但由於有它才能提高效果，就像做料理時調味料的角色一樣。

調味料的功能，就是在襯托食材的美味。胡椒加太多，或是加太少，都沒辦法襯托出食材原本的味道。像調味料般的ＷＳ練習也是，它的拿捏程度也要剛剛好才行。

ＷＳ的訓練方法

介紹ＷＳ實際的訓練方法。慢跑之後，當身體慢慢變暖，先找到適合做ＷＳ的地方。平坦、車子少的地方比較安全。如果能找到稍微寬敞的公園，應該能找到一百公尺的直線吧。先簡單地做腳踝、膝蓋部位的暖身操之後，在五十到一百公尺的距離之間做快速的衝刺。

這時候希望要注意的是，千萬不要僵硬地跑步。不必從起跑就飆到最快速度，數十公尺距離慢慢加速到達目標的速度就好。

第一回和第二回，你可能還沒適應速度，動作有點不順，呼吸也會變得痛苦。但是到了第三回至第四回，身體慢慢適應之後，跑起來會變得順暢。

每回ＷＳ之間的空檔該做甚麼才好？剛開始還沒適應時，若跑了一百公尺過去之後，可以走回來，讓自己有充分時間休息。慢慢習慣之後，跑一次之後，休息數十秒，再以ＷＳ從同一條路跑回去，如此一來可以有效率的練習。

等習慣之時，縮短中間的休息時間的話能刺激心肺功能。比如說，一直重複十至十五秒左右的休息，就可以在短時間內達到重度練習的效果。

如何把ＷＳ放到練習裡？

前面提到ＷＳ不是單獨做的練習，它是一個調味功能的練習。它是在慢跑、ＬＳＤ、持久型練習之後做的練習，有提高重點練習的效果，這也是它的目標。

雖然也可以事先把ＷＳ安排到練習表裡，但視當天的身體狀況，憑自己的感覺適度的放進去也行。要放進練習裡時，就像前面提到的，往往是做完ＬＳＤ、持久跑等等長距離之後想要刺激身體，或是為隔天的速度練習做準備時，安排ＷＳ。

除此之外，下面幾個情況下做ＷＳ也會很有效果，相信自己的感覺試試看。

覺得整個身體很沉重，總是沒辦法專注在練習時，當作改善的手段。

在速度練習或是比賽前的暖身操裡，當作結尾。

如果覺得速度練習做得意猶未盡時，當作加強。

目標的比賽接近，身體的狀況總是沒辦法調整過來時，為了活絡身體做WS。

身體有點水腫，想要比平常多流汗時，做WS排汗。

但是，還是只能把它當作是輔助性的練習，特別是在馬拉松大賽前，做太多WS反而不好，要注意。

配速跑

掌握配速的感覺

配速跑，這個練習的目的在讓身體牢記住目標速度。

一場全馬都必須要花上好幾個小時才能完成。如果配速亂掉一下快一下慢的話，只會增加身體的負擔。比起用不穩定的配速，肯定是用穩定的速度前進輕鬆。

前面提到，目標破4的跑者，他的目標配速是一公里五分四十秒左右。這個速度比一般的慢跑還稍微快。但對於習慣跑步的人來說，開始跑步沒多久，速度會不知不覺變快。也就是沒辦法控制配速。

還有，一旦可以不看錶就知道自己的跑步速度，就表示你能以高準確度去控制速度。學會了控制能力，就不會在比賽裡超速。

控制配速的身體感覺之中，視覺很重要。初學者會以身體和呼吸的痛苦程度判斷速配速快慢，但這種判斷標準會隨著身體的狀況有所變化，準確度變低。如果可以用眼前通過的風景來判斷速度，準確度就會變高。

短距離練習也可以

關於配速跑，用比賽速度去跑五到十公里，或是半馬左右的距離，這樣算是最理想的全馬練習。就算是短距離，能妥當安排在練習裡也沒有問題。

如果身體還有疲勞感的話，以比賽速度去跑五到十公里以上會很辛苦。身體累的時候如果太逞強，跑步容易變得僵硬，這時候把練習距離縮短就行了。

如果家附近有田徑場的話，可以做十次四百公尺的配速跑，或是在有距離標示的公園裡重複練習一到二公里的距離，這樣也可以達到足夠的效果。

不需要從頭到尾都用比賽配速去跑。比如說六十分鐘的慢跑練習之中，用比賽配速跑個幾公里也可以。

不管如何，配速跑的重點在於速度不要一下快一下慢，用目標配速前進，盡量放輕鬆。能夠自己設定有餘裕的配速練習環境與距離，是這個練習的巧妙所在。

利用比賽

很難一個人進行配速跑練習時，你也可以利用參加路跑賽來進行。不一定只有全馬，幾乎每個周末都有路跑賽可以讓市民跑者參加。這些路跑賽差不多隔一公里或是五公里就有距離標示，方便選手正確地測量配速。

再加上，參加路跑賽有各種實力的跑者，比賽中去尋找和自己的配速相近的跑者和他一起跑，當作是穩定的配速練習。

但是，聽到鳴槍的瞬間，跑者容易忘記自己是來練習的事，然後一不小心全力投入於跑步，衝太快。所以不只要記得控制配速，也要記得控制心情才行。

半馬是一個適合當作配速跑的練習。它距離是全馬的一半，也是預測全馬成績的標竿，而且又具有配速跑和距離要素的練習，真是一舉兩得。

越野跑

利用自然環境練習

越野跑就是利用自然環境，自由地去奔跑的一種野外練習。在大自然中跑步，心情舒暢之外，練習效果也很高。在歐美和非洲地區，跑者練習的重心就是越野跑，一年之中也會舉辦許多越野賽。

越野賽在美國的普及程度，甚至使得高中和大學的田徑長跑選手被稱作是越野跑者。每年爭頭銜的冠軍盃裡，還會分成田賽、徑賽和越野賽三個部分。

越野賽往往會在草地、土地等等柔軟的地面，在地形上下起伏微妙的自然環境中舉行。這對不熟悉的跑者而言，不一定好跑，但是能練出持久性和柔軟的肌力。上下坡跑步需要配速的變化，能幫助跑者練出敏捷性。是一種萬能的練習，訓練出馬拉松選手的綜合實力。

在大自然中跑步，能完全發揮人類與生具備的動物本能。但很可惜的是，越野跑在日本不太盛行，這是由於適合舉辦越野跑的地方本身就不多的關係。

找越野跑的場地

要做越野跑練習，必須先找到適合的地方才行。哪種場地適合越野跑呢？高爾夫球場是理想的環境。眼前一片草地，有許多起伏，充滿變化。但事實上，日本的高爾夫球場並不會開放給跑者使用。

高爾夫球場之外的地方，像是都市裡的大型公園也是一個選擇。東京都內可以到代代木公園和砧公園。這些公園裡除了有鋪好的步道之外，也有一圈二至三公里的越野跑道。

在東京之外，相信也有很多這樣的公園，不妨找找看。

此外，也可以利用登山步道練習，這也是越野跑的一種。像是東京郊外的高尾山，一到周末會有許多跑者聚集。越野跑常常會跑在較陡的上下坡，初學者千萬不要逞強，斟酌一下腳力，中途改用走路也無妨。

越野跑的跑步方法

越野跑是善用自然環境的一種練習。建議事先不要設想太多，自由地去奔跑就好了。如果不知道路線的正確距離的話，只要事先決定好練習時間即可。

對跑步的速度也不用過於神經質。跑上下坡時的速度難免會有變化，反而是利用微妙的起伏地形積極的去改變速度，這樣有提高敏捷性的效果。

越野跑的路線，通常是沒有鋪路的原始道路，有扭傷腳的風險，需要小心。但反過來說，跑在不容易保持平衡的越野跑道上，可以培養跑步的平衡感。一開始不習慣，注意腳底慢速前進即可。等習慣之後，跑步會變得輕快。

持續越野跑之後，就自然而然能理解跑步時身體的用法。比如說，不小心踩到石頭時，能學會腳如何使力以及身體的平衡方法。

平時只跑柏油路的選手，是無法體驗這種控制能力的，希望你能偶爾去做越野練習。

如何放到練習裡

對於有一定程度實力的跑者來說，為了提升實力，越野跑是一種必要的練習。

如果家附近沒有適當的場地，再加上考量交通的時間，平日實在很難做越野練習，那麼選在周末假日如何？

關於一次的練習量，一開始以三十到四十分鐘剛剛好，習慣之後再慢慢拉長時間即可。最後如果可以在不感到負荷的程度下輕鬆跑完九十分鐘，效果就令人期待。

要以多少頻率做這練習才好？如果家附近有適合越野跑的場地，可以很頻繁的去做，但也要考慮到和其他練習的平衡才行。家附近如果沒有這種環境，差不多以十天到兩星期為間隔做一次越野練習就好。請參考一六三～一六四頁的練習內容，安排屬於自己的練習。

長距離練習

培養應付馬拉松距離的腳力

距離練習，能用來鍛練持久力——也就是足以跑完馬拉松的體力和腳力。在平常的練習裡，我們幾乎很少做42.195公里的練習。但是在比賽裡，不靠走路又得跑完這距離才行。因此在練習裡要盡量跑接近四十二公里的距離來培養體力。

每個菁英選手的持久練習都不太一樣。有人認為到比賽之前最少要練十次以上的四十公里，也有人認為距離練習到三十公里就好，不跑四十公里以上的距離。甚至也有在練習裡跑五十、六十公里的選手。

目標破4的市民跑者如果能做到這樣的練習，目標的成績可能不再只是破4而已吧。但現實上考量到時間和體力面時，要實踐應該也很難。在累積距離的訓練期間裡，如果能做幾次十五到三十公里的練習的話，已經算是很不錯了。這期間之內，如果去跑了半馬比賽，也可以算是做了一次持久型練習。

長距離練習的方法

對於市民跑者來說，長距離練習是一種高負荷的練習。要排進練習內容時，要注意不要在累積疲勞的狀況下去做。

至於練習的場所，選擇和比賽一樣的柏油路面比較好。考慮到配速的控制和補充水分的便利性時，比起來回的跑道，在一圈一至五公里左右的場所繞圈子，我認為比較適當。附近的公園如果有「健身徑」（為了市民的健康，自治機關在公園裡規劃的步道和跑道，這往往有明確的距離標示），可以很正確的掌握跑了多長距離。事先準備好水瓶，固定放在一個地方，方便你補充水分。就算是在冬天，要跑二十公里以上的距離時，也缺少不了補充水分的動作。

至於長距離練習的配速，介於慢跑和比賽配速之間是恰到好處的速度。破4的比賽配速是一公里五分四十秒。以這為目標的跑者，慢跑速度大約是一公里六至七分。因此，長距離練習的理想配速大約在一公里六分十五秒到六分四十五秒之間。

當然距離練習的配速不一定要保持不變，依身體狀況做調整也沒問題。

速度遊戲（Fartlek）

這個詞來自瑞典語

對市民跑者來說，「速度遊戲」是一種不太熟悉的練習方法吧。這個練習來自歐洲的一種速度練習，詞源來自瑞典語，是組合Fart（速度）和lek（遊戲）這兩個單字所誕生的字眼。

從這來源可以推測，所謂的速度遊戲就是在速度的練習裡交替快與慢，這和越野跑很類似。但是速度遊戲裡並不一定要利用大自然環境，只要在四百公尺的田徑場和道路上就可以做。

實際的作法，比如說在十公里的慢跑過程裡，加入幾次一百公尺的衝刺練習，或是用比正式比賽速度還快的速度衝刺數百公尺到一公里的距離，在長距離慢跑的途中，像三明治一樣夾進速度練習。這樣的練習內容，也有人稱它為「速度練習法（Speed-Play）」。

要做速度遊戲前，先決定好要跑幾次、一次要跑幾公里，至於加速前的慢跑練習，就依自己的體能狀況再去決定距離和時間就行。

速度遊戲的效果和放到練習裡的方法

速度遊戲對馬拉松選手而言，是一個可以培養綜合實力的練習。

首先，跑步距離本身就可以提升持久力。透過速度的交替，能夠培養敏捷性和大動作的跑姿。再加上切換速度時，能夠適度的刺激呼吸等心肺功能，這個練習包含了這些要素。

把速度遊戲加到練習內容，一定能比從前更輕鬆的做比賽的配速練習。這是由於培養了綜合的實力之後，身體能充裕地應付目標的比賽配速。

速度遊戲，發想來自於歐洲的自然環境。歐洲許多國家的郊外有不少上下起伏的遊客步道，也有一望無際寬敞的草坪公園。這就是利用這種天然的地理環境所產生的越野練習。

可是生於日本的市民跑者，沒有這麼好的練習環境。

因此日本的跑者只要把它的精髓安排到自己的練習內容即可。

速度遊戲的精髓在於在慢跑之中偶爾去切換速度。這樣看來，在平常的慢跑時，任何時候都可以試試看。

間歇跑

由來和方法

你聽過間歇跑這個名詞嗎？有點熟悉或是實際做過的跑者，也許對這練習有「很辛苦」的印象吧。

發明間歇跑練習的人，是在赫爾辛基奧運會（一九五二年）拿了三面長跑競賽金牌的捷克英雄愛米爾・札托佩克（Emil Zátopek）。當時札托佩克猙獰的臉部表情和喘氣跑步的樣子，被大家稱作是「捷克火車頭」。

要做間歇跑練習，通常會選能夠知道正確距離的四百公尺田徑場。跑者會以比賽速度還快的速度去跑二百公尺、四百公尺或是一千公尺的距離。然後重複好幾回。

間歇跑的意思是「間隔」。也就是每一次練習之間的間隔才是重點。這個練習的特徵在於利用速度練習的間隔做慢跑練習，也就是在做下一回的練習之前，不讓心跳數完全恢復到正常值。

在還沒恢復正常心跳數的情況下持續做速度的練習，對呼吸等心肺功能是一個很大的負擔。對選手來說，更是一種十分辛苦的練習。

反覆練習 Repetition Training

類似間歇跑的練習裡，有一種叫做反覆練習。反覆練習和間歇跑的差別在於間隔的休息方法。

要用超過比賽速度去跑步是兩個練習的共通點，但是在間歇跑裡，速度練習的間隔之中並不會讓身體完全恢復。但反覆練習則是在充分的休息讓身體恢復之後，才去做下一個速度練習，這是最大的差異點。

舉例來說，目標破4的選手現在要做十次四百公尺練習，如果是以反覆練習訓練，超過比賽速度以四百公尺兩分鐘的速度跑完之後，就在原地休息兩分鐘。

反過來，如果是間歇跑，跑四百公尺的速度一樣是兩分鐘，但以一分鐘的慢跑當作中間休息。依間隔的休息方法，這兩個練習的負荷量很不相同。

但不管是間歇跑還是反覆練習，你可以依自己的安排變化出好幾百套的練習方法。這也是馬拉松訓練的奧妙之處。

對心肺功能有絕佳的效果

間歇跑絕對不是一個輕鬆的練習。這是由於速度練習之間沒有間隔，不讓身體完全恢復的狀況下重複練習的關係。但是辛苦練習的回報就是你可以快速地提高心肺功能。

對擅長慢慢跑長距離，但是不喜歡加速練習的選手來說，也許做一些間歇跑訓練會很不錯。

如果很難一個人做這種練習，可以找有實力的跑友陪你，或是去參加家附近的跑步俱樂部和團體一起練習，比較容易入門。

平常缺少速度練習，而以距離練習和比賽速度的練跑為主，全馬的成績有可能會遇到瓶頸。這時候可以加進間歇跑練習，試著去刷新自己的紀錄看看吧。

斜坡衝刺

間歇跑練習對目標破4的市民跑者來說，是必要的練習嗎？關於這一點相信還有許多討論的空間。

破4的配速是一公里五分四十秒，雖比一般的慢跑速度快，但也不算是非常快的速度。如果是過去從事過別的運動、或是多少有跑步底子的跑者來說，就算不安排間歇跑，也能夠用這個速度跑步，平時只要用比賽配速做好練習就ＯＫ了。

獨自做間歇跑練習有它的難度，又容易累積疲勞，想要安排間歇跑請先謹慎做好規劃才好。

最近我會鼓勵市民跑者做一種叫做「斜坡衝刺」的練習，它不但可以代替間歇跑而且又容易一個人做到。

這個練習是在一百公尺到二百公尺左右的上坡，不斷的重複上坡衝刺，下坡慢跑的動作。由於是利用上坡，不必嚴密的去計算時間，就可以對心肺功能有一定程度的負荷。要找到四百公尺的田徑場可能不容易，但是小斜坡很多地方都有，大家嘗試看看。

如何去擬練習計畫

三個月計畫

到這裡為止，針對每一種練習方法我介紹了訓練法和它的效果。

如果把「慢跑」和「比賽速度練習」等等個別的練習，比喻成料理的話，就是「食材」。要有效的發揮食材，「菜單」是很重要的。對練習十分重要的「菜單」，就是「如何去擬定練習計畫」。

在本章的最後，針對馬拉松練習的安排方法，簡單說明它基本的概念和擬定計畫表的方法。

首先，要在幾個月前去擬定練習計畫才好？

菁英選手以國際比賽當作目標時，通常會在半年以前就開始安排計畫。但是對市民跑者來說，很難在這麼長的期間一直維持鬥志吧。

雖然如此，但如果只安排一個月的計畫，這對身體變化需要的時間來說又太短。在本書裡，我推薦大家從三個月之前去擬定練習計畫。

如果是從來不做任何運動、從體力零的狀態開始的人，要在三個月內跑完馬拉松，這也太勉強。對於體力完全沒有自信的人，在擬定三個月的計畫之前，可以先培養健走的習慣，練好基礎體力。

接下來，每一天的練習內容看似單純，但都是根據運動生理學的原則安排的。

第一個原則是，依目的隨著時期改變練習內容。

具體來說，第一個月的目的在於培養進入馬拉松練習的體力，第二個月定位在累積練習，為了培養可以在目標時間內跑完的體力，最後一個月定位在調整期，在比賽當天要把訓練後的狀況調整到最好才行。

每一個時期的目標都很明確，所以計畫本身要確實的能達到這些目標才行。

第二個原則是，去掌握身體因為練習而產生變化的時機。

練習的專業術語裡，有一個字眼叫做「超恢復」。它的意思是做完高負荷的練習之後，身體要變得比過去更強壯的一種自然反應。

但是在超恢復的時期裡再做高負荷的練習，會阻礙超恢復，更會因為過度練習而引起疲勞（詳見第6章說明）。具體來說，做完三個星期的高負荷練習之後，必須要空出一星期當作是留給「超恢復」的休養期間。

遵循這兩個原則所擬的計畫如下頁圖表。請一邊參考，一邊去理解擬定計畫的方法。

這個練習是為了甚麼？

擬定好練習計畫之後，要轉移到力行的階段時，會遇到容易掉進去的陷阱。那就是

——每天滿腦子為了要消化當天的練習，忽視身體狀況，練習計畫的目的開始走樣，與目標不一致。

計畫永遠只是個計畫。人的身體有時候是無法跟上計畫的。

比如說，在感冒時身體狀況明明不好，還硬是做完練習，這樣病情會遲遲不癒。最後變得沒辦法持續練習的話，真的是本末倒置。

跑者透過每天的練習，從中能得到充實感。跑步變成日常生活的一部分，這固然是一件好事，但忽視身體狀況，埋頭苦幹把當天的練習勉強做完，這樣真的會淪落成「不知大海的井底之蛙」。

這時候，也許請教練或是練習夥伴針對自己的狀態做個評語。身邊沒有這類的人可以拜託的話，自我評價也可以。不要只一味地執著於「努力加油」，能以客觀的角度看待事物，這也是練習必備的條件。

用客觀的角度做判斷之後，一旦發現需要變更練習計畫時，要積極的去修改才行。練習計畫，也不過是紙上談兵，實際的練習，才是一種和身體的對話。優先順序上，身體的狀況一定要排在最前面。

練習計畫，並不是每一天一定要跑的量。要記得，它只不過是為了在目標的比賽當天，

三個月的練習計畫			
三個月前			
週一	休息	週一	休息
週二	休息或是輕鬆的慢跑	週二	40 分鐘慢跑 +WS×3
週三	40 分鐘慢跑	週三	5km 比賽配速跑 +20 分鐘慢跑
週四	休息或是輕鬆的慢跑	週四	60 分鐘慢跑
週五	休息或是輕鬆的慢跑	週五	40 分鐘慢跑
週六	40 分鐘慢跑 +WS×5	週六	90 分鐘 LSD
週日	60 分鐘慢跑	週日	40 分鐘越野跑
週一	休息	週一	休息
週二	休息或是輕鬆的慢跑	週二	40 分鐘慢跑
週三	40 分鐘慢跑	週三	40 分鐘慢跑 + 斜坡衝刺 ×5
週四	休息或是輕鬆的慢跑	週四	休息或是輕鬆的慢跑
週五	休息	週五	40 分鐘慢跑
週六	60 分鐘慢跑 +WS×5	週六	40 分鐘越野跑
週日	90 分鐘 LSD	週日	60 分鐘速度遊戲

兩個月前			
週一	休息	週一	休息
週二	40 分鐘慢跑	週二	40 分鐘慢跑 +WS×3
週三	20 分鐘慢跑 + 斜坡衝刺 ×7	週三	40 分鐘慢跑 + 斜坡衝刺 ×7
週四	休息或是輕鬆的慢跑	週四	休息或是輕鬆的慢跑
週五	40 分鐘慢跑	週五	40 分鐘慢跑
週六	60 分鐘越野跑	週六	5km 比賽配速跑 +30 分鐘慢跑
週日	120 分鐘 LSD	週日	90 分鐘速度遊戲
週一	休息	週一	休息
週二	休息或是輕鬆的慢跑	週二	40 分鐘慢跑
週三	40 分鐘慢跑	週三	40 分鐘慢跑 + 斜坡衝刺 ×5
週四	休息或是輕鬆的慢跑	週四	休息或是輕鬆的慢跑
週五	休息	週五	60 分鐘慢跑 +WS×5
週六	60 分鐘慢跑 +WS×5	週六	90 分鐘 LSD
週日	60 分鐘慢跑	週日	25km 長距離練習

一個月前			
週一	休息	週一	休息
週二	40 分鐘慢跑	週二	60 分鐘慢跑
週三	40 分鐘慢跑 + 斜坡衝刺 ×10	週三	40 分鐘速度遊戲
週四	休息或是輕鬆的慢跑	週四	休息或是輕鬆的慢跑
週五	40 分鐘慢跑	週五	休息或是輕鬆的慢跑
週六	20km 長距離練習	週六	5km 比賽配速跑 +WS×5
週日	120 分鐘 LSD	週日	90 分鐘 LSD
週一	休息	週一	休息
週二	休息或是輕鬆的慢跑	週二	休息或是輕鬆的慢跑
週三	40 分鐘慢跑	週三	40 分鐘慢跑 +3km 比賽配速跑
週四	休息或是輕鬆的慢跑	週四	60 分鐘慢跑
週五	休息	週五	休息或是輕鬆的慢跑
週六	40 分鐘慢跑 +WS×3	週六	40 分鐘慢跑 +WS×3
週日	90 分鐘 LSD	週日	比賽

比賽後的訓練			
週一	休息	週一	休息
週二	休息	週二	休息或是輕鬆的慢跑
週三	輕鬆的慢跑	週三	40 分鐘慢跑
週四	休息	週四	休息或是輕鬆的慢跑
週五	休息	週五	休息
週六	40 分鐘慢跑	週六	40 分鐘慢跑 +WS×3
週日	60 分鐘慢跑	週日	60 分鐘慢跑
週一	休息	週一	休息
週二	休息或是輕鬆的慢跑	週二	休息或是輕鬆的慢跑
週三	40 分鐘慢跑	週三	40 分鐘慢跑
週四	休息	週四	休息或是輕鬆的慢跑
週五	休息或是輕鬆的慢跑	週五	休息
週六	40 分鐘慢跑 +WS×3	週六	60 分鐘慢跑 +WS×5
週日	60 分鐘慢跑	週日	90 分鐘 LSD

可以用最佳狀態跑步，而暫時擬出的設計圖。

要配合自己的生活模式

擬定練習計畫時，大家可能會參考本書中的例子，或是參考成功跑者的例子。這時候希望能注意一件事——那就是盡量讓練習計畫自然的進入到自己生活裡。

每個人都有各自的工作和家庭，生活模式也不同。甚至連放假的日子也許都不一樣。每天練習的時間也是。有人是早上練，也有人是傍晚或晚上才練。生活模式可以說是百百種。

練習計畫之中，會有幾天安排高負荷量的練習。可以的話這幾天就盡量集中注意力去做，通常這樣的日子會安排在假日。週末休息的人可以用本書的例子，但對平日休息的人來說，是不能照單全收的。

在擬定練習計畫時，先好好分析一個星期的工作模式，一天的生活模式，再去決定星期幾的哪一個時段能夠充實的練習，再把高負荷的練習排進去。

以破4為目標，它所需要的練習絕對也不輕鬆。如果只把它當成痛苦的練習，這樣馬拉松只會變得很無趣。

盡量去擬定一個不需逞強，能夠自然的融入到日常生活的計畫吧。

第 6 章

養護身體的重要性

人的身體的確是愈跑愈能鍛鍊出強壯的身體。奧運選手的話那更不用說，努力最多等於最強，這種勝負的鐵律，是永遠的命題。如果練到迷失自我，把身體搞壞，那真是得不償失。挑戰自己的紀錄固然是好事，但對市民跑者來說，維持與促進健康才是跑步的最大目標。

不要過度練習

過度練習引起的傷害

跑步變成習慣之後，會慢慢地發現跑步練習有趣的地方。如此一來練習量自然會增加，比賽的成績也會進步。當一切都很順利時，會容易掉到預想不到的陷阱裡——那就是過度練習引起的運動傷害。

在不知不覺中，超過自己的容許範圍和能力去練習，或是不眠不休練習，都有可能操壞身體，讓身體無法恢復。個性愈是認真且細心的人，愈是容易過度練習。

看著練習日記（待後面說明）裡的數字增加而感到開心，但忽略了練習的平衡和身體的狀況，我們歸類這樣的跑者是屬於「月間跑步距離症候群型」。

當成績進步，或在小比賽得名時，跑者為了要更進一步滿足周遭人們對他的期待時，心情上難免會有空轉的時候，或是由於責任感過重，為了自己所定的目標，腳痛還過度練習，這就是屬於「自我要求過多型」。

喜歡跑步勝過吃三餐，就算有一點腳痛、發燒，也毫無顧慮地去跑步。這種叫做「跑步就是我的小確幸型」。

除了這些類型，還有許多過度練習的跑者。屬於上述這幾種跑者的你，就是會在不知不覺中累積疲勞，得到難以醫治的運動傷害和影響內臟健康的疾病，千萬要小心注意。

「超恢復」以及過度練習

過度練習會帶給身體各種不好的影響。就算是正確的練習，身體也會感到疲倦，但如果是在體力的容許範圍內，或只是超過一點點的程度的話，稍微休息就可以消除疲勞。而且體能恢復時，你的身體還會變得比從前更強壯。前面也提過，這種效果稱做「超恢復」。

如果過度練習，是沒辦法靠稍微休息就消除疲勞的。倦怠感和疼痛遲遲未改善時，「持續」訓練就成了一件吃力的事，更別說期待「超恢復」。這意味著短期內太過於疲勞導致身體沒辦法恢復，長期來看，還會因為不得不的休息過多，影響了練習的效果。

腿或腳痛到沒辦法跑步的運動傷害，如果只是疲勞的延伸所引起的，那還不用太擔心，但如果是過度練習造成的傷勢，那就難治癒，比較棘手。

若像是疲勞性骨折或是韌帶損傷，這種需要外科治療的傷勢，就需要比較長的時間才能恢復健康。可能需要好幾個月的時間，要完全放棄跑步才行。

過度練習甚至也會引起內臟疾病。

跑步有時候會妨礙身體裡負責解毒的化學工廠——也就是肝功能和負責從尿液排出毒素的腎功能，要特別當心。一旦內臟罹患疾病時，會大大影響到日常生活和飲食習慣。為了健康而開始慢跑，反而造成不健康的身體，這真是本末倒置。

了解恢復能力意味著了解自己

在奧運雅典大會奪得女子馬拉松金牌的野口水木選手，她的座右銘是「練習距離是不會騙人的」。

人的身體的確是愈跑愈能鍛鍊出強壯的身體。奧運選手那更不用說，努力最多等於最強，這種勝負的鐵律，是永遠的命題。

但這些都是程度上的問題。如果練到迷失自我，把身體搞壞，那真是得不償失。

挑戰自己的紀錄固然是好事，但對市民跑者來說，我希望維持與促進健康才是跑步的最大目標。

如同「過猶不及」一詞，要能自覺自己的容許範圍，也需要一點彈性不拘束於自己所擬定的計畫上。這些都必須要了解自己才行。

那麼如何才能知道自己的體力和實力？有比賽經驗的跑者，可以從成績與名次，整體的知道自己的位置，客觀的了解實力在哪裡。

為了不過度練習，在自我分析時，「疲勞」會是一個重要指標。疲勞和他人無關，是自己獨有的指標。疲勞感雖然很主觀，但只要每天注意，消除疲勞所需要的時間、程度等等，都會隨著年紀的增長有所變化。

也就是理解自己的恢復力，防止過度練習。理解恢復力意味著理解自我。

復健師和血液檢查

要掌握疲勞和恢復力，有時候不能只靠自己的主觀感覺，也許要透過第三者或是醫學的力量等等客觀的判斷方式。

對長跑選手來說，代表性的判斷方式有兩個。一個是從平常就了解你的肌肉，定期性的會幫你做按摩、針灸的復健師，另外一個是誰都可以去醫院做的血液檢查。

練習到一定程度的跑者，有機會的話，也可請教有專業經驗和知識的運動訓練師。就算還沒有到運動傷害般的疼痛，平日的疲勞，特別是背部和腰部的疲勞很難靠自己治好。一週到兩週至少請復健師幫你按摩比較好。

定期請固定的復健師按摩，自然而然會產生信賴感，向他請益各種事情。復健師定期的掌握患者的肌肉狀況，能事先察覺是否有過度訓練的情形，並給予患者忠告。

許多治療所能幫你做按摩，但是聰明的跑者，會去找身心都可以全盤託付的專業復健師。

至於血液檢查，到哪一間醫院都行，只要你有足夠的知識能理解檢查結果，就可以靠自己判斷體能狀態。不只是跑步上，如果你想要全面性的維護健康，還是可以請主治醫生或是家庭醫生定期幫你做血液檢查，如此一來更令人安心。

在血液檢查裡要確認的項目，除了可以判斷貧血的紅血球數和血紅素（Hemoglobin）之外，還有診斷肝功能的 GPT、GOT、γ-GTP 等等。此外也要注意腎功能是否正常運作的尿素氮和肌酸酐。

這些值如果超過正常值，有可能是過度練習的徵兆。這時候建議先暫停練習，和醫生討論是否能繼續。

練習日記的重要性

過度練習，是累積太多沒辦法排解的疲勞引起的身體異常現象。只有一天逞強不至於到練習過度，練習過度的原因，一定是「長時間」持續無厘頭練習所導致的。

身體的疲勞總是不消失，當你擔心「是不是過度練習？」時，可以靠記錄每天練習量的練習日記回顧一下。

如果完全沒有寫練習日記，或是偶爾才做記錄的人，從今天開始請好好養成寫練習日記的習慣吧。練習日記的功能不只是在幫助你回憶每一天的練習，它同時也是能掌握長期傾向的重要資料。特別在理解練習和過度練習的因果關係上，非常有幫助。

例如練習內容是不是偏重在哪裡呢？休息多久？是不是曾經突然逞強練習等等。掌握方向的同時，就能知道預防方法和應對方法。如果只靠感覺或是靠記憶去練習，則會陷入預想不到的陷阱之中。

至於練習日記的寫法，盡量是一看就能明白長期傾向最好，能預防過度的練習。翻開筆記本，能立刻知道兩個月份、甚至到半年份的練習內容。關於每天的練習內容則寫一點就夠了。

所謂「調整」是甚麼？

調整的目的

查詢練習的意義時，一定會跑出「調整」這個字眼，它的英文意義是「condition」。「調整」就是為了讓身體達到最佳狀態，如同表面的字義，就是「調節並整理身體狀態」的意思。

關於調整的期間，大約是比賽前的一到兩週前。在這個期間內，為了目標的比賽，練習的內容會有一點不一樣。往往會去減少練習量。

調整的目的，就是把身體調整到最佳狀況。讓你花好幾個月練出來的體能，發揮到極限的同時，也讓累積在身體裡的疲勞得到排解。

跑步的初學者要完美的做好調整也許很難，那是因為它需要擁有對身體細微感覺的認知能力。

比如以下的感覺。

腿的肌肉比起以往是硬是軟？是否有光澤？肌肉深處是否有硬塊？等等。關於心肺功能方面，背部是否緊繃？脈搏數是強是弱？速度加快時，呼吸是輕鬆還是辛苦？等等。

這種肌肉和心肺功能細微的感覺，是和自己的一種對話。能夠順利的和自己對話時，不只是在跑步上，為了維持身體的健康，各種感覺都會變得很敏銳。請務必訓練好與自己身體的對話能力。

日常生活也是調整的重要部分

前面也提到，在進行調整時，練習量會變少。對於快樂地撐過辛苦練習的跑者來說，是一個可以放鬆的時期。雖然離比賽越接近緊張感會加深，但減少練習量相對的身體也會得到休息，心情上會比較輕鬆。

請不要忘記，調整的目的是要在比賽當天把身體調整到最佳狀態，不是毫無目的的悠閒休息。

練習的重點在跑步，但理所當然的，一天裡工作的時間和私生活的時間都比跑步時間還長。

跑者的食慾是很旺盛的。平時認為只要有跑步就不會變胖，所以可以毫無顧慮的吃東西。可是進入到調整期之後，減少練習量但是食慾依舊不變。甚至疲勞消除了之後，胃腸的活動變好，增加食慾。如此一來，容易在沒想太多的情況下，想吃多少就去吃多少。但是這樣無紀律的飲食生活，因練習而減輕的體重，會瞬間功虧一簣。

也要注意不熬夜，以及不過度的攝取酒精。一旦在時間和體力上有充裕的空間，人自然就會想做一些多餘的事情。為了要以最佳狀態迎接比賽，必須要自我控制到最後一刻才行。

好不容易累積練習練出來的身體，在最後的調整期裡把身體搞壞是非常可惜的事。「大意」是調整期最大的敵人。

增加走路的量

馬拉松的調整上還有一件千萬不能忘記的事，那就是不讓肌力衰退。

進到調整期之後，為了消除疲勞會減少練習量，但如果減少太多，好不容易練出來的肌力會衰退。這是最難的地方。

肌力一衰退，便會覺得腳輕。這樣是容易加快跑步速度，但是到了比賽後半，會因為肌力不夠而被迫減速。

為了避開這些要怎麼做才好。

雖然有各種方法，但大家都可以簡單做到的，就是增加走路的距離。日常生活中的走路也算，利用沒有在跑步的時間多去走路。在調整期裡，相較於跑一點距離之後就甚麼都不做，那還不如走一個小時以上當作練習，這樣才能防止肌力的衰退。同時也有促進血液循環的效果，讓血液充分到達腿部的肌肉。走路不會像跑步一樣累積疲勞，能幫助你達到調整目的。

若走路超過一小時，腳會開始感到沉重吧。

其實在馬拉松的調整方法裡，常會說「站到起跑線上時，腳感覺有一點沉重會比較好」，就是指這種狀態。到了比賽後半，這種沉重感會消失，又有防止一開始衝太快的效果，所以是不需要擔心的。

控制心情

進到調整期，由於練習量減少會感覺日子過得比較有餘裕。只要開始感覺到餘裕，腦裡就會開始想東想西，整天想著「做這也不是，做那也不好」。
再加上，接下來要參加的比賽若是初馬或是想去挑戰自己的紀錄，會更容易緊張，加上對比賽的期待和不安摻雜在一起時，心情難免變得比平時高昂。
你需要在腦海裡做沙盤推演，但是不需要去想太多。緊張的情緒到達最高點時，做起事來無法專心，甚至連夢裡都會出現自己在跑步的樣子。
如果想太多，儘管身體得到休息，腦袋卻變得很疲倦，會產生休息得不夠的感覺。這樣就算把身體狀況調整好，也無法產生信心，千萬注意。
在隔天預計要參加人生初馬的選手曾經問過我：「從現在開始可以做甚麼練習？有沒有現在可以做的練習？我擔心到受不了了。」不是一位兩位問我而已。比賽就在隔天，我想這位選手的狀況應該有如熱鍋上的螞蟻吧。但是著急的亂想事情，做無謂的舉動是反效果。心情上要想開，也是正確的態度之一。
能做到正確的練習和調整，最後一定能有理想的成績。「盡人事聽天命」從容參賽，是最理想的態度。

「完全休養」和「積極休養」

休養到底是甚麼？

休養到底是甚麼？從字面上可以知道，就是指「休息養身」的意思。代表休息的詞還有許多，例如休假、午休等等。

例如休假。公司和學校，一個星期最少有兩天是休假。為了維持生活品質和取得平衡，以週休二日的頻率休息是必要的。休養是人的生活作息裡面不可缺少的時間。

為了要有好的表現，練習的基本原則是練習、休養、營養這三個缺一不可的要素。當我們考慮到訓練的本質時應該就不難理解。

所謂練習，就是針對身體和肌肉給予負荷和刺激之後，產生反應，使得機能變得比以往進步的一種過程和現象。至於馬拉松的練習，不用說，就是以跑步練習為中心。

身體和肌肉要有所反應，並進化為更佳機能，這需要時間。這個時間就是所謂休養的時間。練習裡面的休養並不是偷懶的意思，它是促進反應，重新去建構身體的一個時間。

需要完全休養的時機

練習裡的休養有幾種方法。其中最重要的方法就是「完全休養」和「積極休養」。所謂完全休養就是——不跑步，不做任何運動，完全讓身體休息的意思。

那麼在何種情況下需要完全休養呢。

首先，患有引起劇烈疼痛的傷勢時。像是肌肉拉傷、肌腱斷裂、疲勞性骨折等等，需要處理患部的傷勢，都需要完全的休養。

這些傷不是疲勞，完全是傷。用藥物治療或是用東洋醫學的針灸治療，康復需要幾天到幾個星期的時間，嚴重時甚至需要數個月的強迫休息才行。

若不是腳傷，而是身體的某些患病發作時，也需要完全休養。

過度練習，有時會引起血尿，也會因為練習以外的原因引發身體的異常現象。有些內臟疾病，像是肝臟、腎臟的疾病是絕對不可以去逞強的。

除了長時間的完全休息，短短一兩天的完全休養也可以提高練習的效果。像是極端的肌肉疲勞，或是睡眠不足等等疲勞時，透過短時間的完全休養去恢復。

需要積極休養的時機

相對於完全休養，積極休養是一種透過跑步和其他運動來提早消除疲勞的方法。有著嚴重傷勢或是身體疾病時需要完全休養，但像是肌肉嚴重的痠痛，或是身體感覺沉重而沒有活力時，就需要積極休養。這種時候由於身體的循環不好，要積極的動身體去促進肌肉的血液循環，反而能改善症狀。

接下來舉例說明。

跑完路跑賽之後，隔天一定會發生肌肉痠痛。光是走路就會感到疼痛，也許會覺得不可能去跑步了。但在這種情況下，與其不動身體，還不如用很慢的速度去慢跑、鬆弛肌肉會更好。當肌肉痠痛時，反而是去動它恢復得才快。

做完辛苦的速度練習之後，可以做ＬＳＤ當做較長的收操。這也是不累積疲勞的訣竅。

以上就是積極休養的例子。

跑步之外，也可以做其他的運動。這時候的積極休養，有轉換心情的效果吧。

慢性疼痛

跑步的三大疼痛

在第4章已經說明了比賽中發生疼痛時的應對方法。接下來針對平常的慢性疼痛，說明它的種類以及應對方法。

跑步是符合健康的運動，但是和游泳比較起來，跑步由於受到重力的影響，容易引起腿部的疼痛和運動傷害。不只是對剛開始跑步的初學者，甚至連經驗豐富的跑者也一定都有疼痛的經驗吧。

跑步會激烈的用到腰和兩條腿，疼痛的部位，理所當然多半以下半身為主。下半身容易傷到的部位是膝蓋、腰和腳踝部位，這就是三大跑步傷害。

膝蓋的疼痛，多半發生在肌肉尚未發達的初學者。不管是鈍鈍的疼痛或是劇烈的疼痛，常發生在膝蓋外側和膝蓋骨附近。痛得激烈時，不只是不能跑步，連走路都會感到疼痛，甚至會影響到日常生活。

腰的疼痛，多半來自腰部深處。持續跑長時間，劇烈的疼痛會擴散到腰部整體。腰痛如果還逞強繼續跑的話，有可能會引起下背疼痛、椎間盤突出的可能，要特別當心。

腳踝附近的疼痛通常發生在腳背、阿基里斯腱、腳底等部位。多半是不良的跑步習慣和穿不合腳的鞋子所引起的。

疼痛的原因

發生疼痛的原理是甚麼？如果能了解其中的原因和因果關係，就能做好預防運動傷害的準備。

跑步是一種自由落體運動。要用腰和雙腿去承受踩地時的衝擊力。這時候如果可以用好的姿勢，用不違背天生的自然動作，不逞強前進的話，踩地時的衝擊力可以分散到全身。但如果跑步姿勢不好，忍著疼痛失去身體平衡，會增加某些固定肌肉的負擔，並讓這些部位凝固成「硬塊」。不顧「硬塊」持續練習，會增加負擔到連結「硬塊」的肌腱上，這會引起發炎。這種發炎引起的疼痛，就是運動傷害。

例如足球這種需要肢體碰撞的運動，有可能發生裂傷、骨折、腳筋斷裂等嚴重的症狀。跑步不會有這種問題，但是跑步的運動傷害起因，多半是來自失去平衡或是長時間的發炎，治癒不容易，很麻煩，是跑步引起的運動傷害的特徵。

和骨折比起來，感受到的疼痛比較少，跑者心裡容易有這種想法，「跑這一點距離應該沒問題吧」，這就是傷勢遲遲無法好轉的陷阱。

膝蓋痛的處理方法

相對於練習量，當肌肉還不夠發達時容易引起膝蓋的疼痛。當膝蓋痛時，先不管治療的事，先停止跑步。休息一陣子之後，疼痛應該會消失。但是重新開始跑之後，有可能再度發生膝蓋痛。這時候，尚未發達的肌肉是主因就顯而易見了。

有這種經驗的人，建議先做股四頭肌的肌力訓練。

例如在跑步前或是沒排練習的日子裡，一天做五十次膝蓋彎到九十度的深蹲（請參考第2章）。這會增強股四頭肌，跑步後自然比較不會引起膝蓋疼痛。

而第4章提到，膝蓋外側疼痛的「跑者膝」——髂脛束症候群，算是一種比較嚴重的運動傷害。走路的時候雖然感覺不到疼痛，但一跑起來就感覺到激烈的疼痛，停止練習也沒辦法治癒，這就是髂脛束症候群麻煩的地方。在患部塗消炎鎮痛劑或貼布也沒辦法馬上好轉。

最有效的治療方法就是按摩。建議請復健師來幫你在股四頭肌的外側下方做深層按摩。按摩雖然會痛，但讓連到髂脛束的肌肉鬆弛，能減輕運動傷害的疼痛。

腰痛的處理方法

對跑者而言，腰痛是十分傷腦筋的毛病。每跑一步就會引起疼痛的話，跑步本身會變得很痛苦。如果是跑步造成的腰痛，平時就算沒做甚麼事也會感覺到鈍鈍的疼痛。只是躺著或是站著就會感到腰痛的話，相信對精神上是一大折磨吧。

腰痛的治療也是以按摩和針灸為佳。不只是針對腰部，背部到臀部，都要用深層按摩去鬆弛有硬塊的肌肉。針灸也是一樣。針灸在痛處和它的附近，讓血液流通順暢之後，能鬆弛腰部僵硬的肌肉，腰痛自然會消失。

在第3章也提過，腰痛的原因來自不好的姿勢。姿勢不良，支撐身體時會用太多腰部的肌肉，容易導致腰痛。這時候要有改善姿勢的觀念才行。背部的肌肉，特別是在肩胛骨附近用力的話，姿勢會變好。姿勢變好，腰痛自然也會得到改善。

如果接受各種治療後腰痛還是沒有得到改善的話，建議去接受MRI檢查（運用核磁共振的物理現象來做身體的斷層攝影）。腰部的負擔不僅是在肌肉的僵硬上，如果還影響到脊椎，便會有脊椎分離症或是椎間盤突出的風險。

在還沒惡化成這樣的症狀之前，去預防腰痛是很重要的。一個禮拜做幾次腰部的伸展操（待後面說明）和背部的伸展操（待後面說明），就會有預防效果。

腳踝周圍疼痛的處理方法

開始跑步之後，腳踝周圍的各種部位可能引起疼痛。這些部位包括阿基里斯腱、腳跟、腳底、腳趾的關節、腳背、腳踝的內側和外側、腳底的外側、腳踝下方的內外側。

疼痛有可能是由於跑步失去平衡而累積的疲勞所致，或是有其他因素。不管如何，腳踝周圍的疼痛比較不容易治癒，要充分的去注意才行。

為了不讓它惡化成重大的運動傷害，在疼痛之前，在稍微感覺不對勁的階段就要去處理。不對勁的感覺會突然產生，由於不至於到疼痛，繼續逞強跑步發炎會擴散，導致哪一天演變成劇烈的疼痛。

在感覺到不對勁的階段，就要細心的做冰敷（待後面說明）。然後去按摩疼痛那一方的小腿肌肉，讓它鬆弛。再做全身的伸展操，如果身體哪裡有僵硬的部位，要盡量使它柔軟。

腳踝附近屬於身體的末端。這裡的疼痛來自身體的失衡居多。因此不要只看末端的疼痛，要去顧到身體整體的平衡才行。

如果徹底發炎，那就先不要跑步，建議去接受針灸和物理治療會比較好。

保養的方法1：冰敷

甚麼是冰敷？

所謂冰敷，是一種運動後的保養方法，透過使用水、冰塊、冷卻劑等東西去冷卻我們的肌肉、關節與肌腱。

不只是跑步，在各種運動項目裡，預防運動傷害、消除疲勞、受傷時的應急處理上，冰敷被當作是輕易能做到的保養方法。

冰敷在還沒有被大家接受之前，當時最主流的思維是怎麼可以冷卻人的身體？（這是東洋醫學的想法，基本上這個想法到現在還是一樣）。但是在歐美的運動醫學廣泛被接受之後，開始有了變化。

不是冷卻整個身體，而是針對發炎的部位做局部性的冷卻，這個是很有效果的。如今冰敷在各項運動裡是缺少不了的方法。

當然在跑步上，冰敷一樣有效。跑步是一種激烈運動，由於在踩地時要承受體重三倍以上的衝擊力，所以當跑了一段距離之後，肌纖維會以細微的單位開始被破壞，這時膝蓋或是腳踝附近關節的肌腱會發生輕微的發炎。冰敷就有抑制這種發炎的功能。

再加上冰敷並不需要靠特別的藥物，只需要水或是冰塊即可，非常適合市民跑者。

冰敷的科學效果

針對運動後疲憊的身體，冰敷到底有甚麼科學的效果呢？主要可以分為三項。

第一，靠冷卻減緩血液循環，抑制發炎的擴散。

發炎是指人體的細胞組織受到破壞發生異常時，為了要排除異常的原因，處理因為破壞而壞死的細胞，而腫脹發熱，引起疼痛的一種症狀。發炎的部位新陳代謝會比較旺盛，而且會試圖擴張範圍，所以要靠冰敷暫時壓抑制止。

第二，消除疼痛的效果。

發炎感到疼痛時，透過冷卻可以降低疼痛的感覺值。

在第三章也提過，比賽中，在腳的疼痛部位澆上水讓它冷卻，可以暫時性的緩和疼痛。

第三，促進血管的擴張和增加血流量的效果。

冰敷暫時可以讓血管收縮，阻礙血流。但是在冰敷結束之後，反而會一口氣讓血液流通，新陳代謝會比之前更旺盛。在跑步裡常被當作是快速消除肌肉痠痛等疲勞的一種方法。

冰敷的方法

在肢體碰觸劇烈的球類運動裡，冰敷常常被當作是外傷的應急措施。但在這裡介紹跑步後的處理方法。

跑步的冰敷，需要用到冰塊和水。

首先是膝蓋和腳踝發生激烈的疼痛，疼痛處有發熱的現象時，這和扭傷的情況一樣。

這時候在塑膠袋裡裝滿冰塊和一點水，不讓它流出綁緊袋口。並把它放在疼痛部位上固定住。用手壓著或是用繃帶固定住都可以。一直壓到疼痛的感覺消失為止，大約要冷卻十五至二十分鐘。重複做一到三次，中間可以空個五分鐘休息，讓血液流動稍微恢復一下。

如果沒有那麼痛的時候，或是當作是一般練習後的保養時，跑完之後可善加利用淋浴。

首先，照平常先把汗水沖乾淨，讓身體變得熱呼呼。接下來針對疼痛處或是腰部以下的肌肉整體、腰、大腿、小腿、腳踝等部位，用冷水徹底沖個三十秒。然後再用四十度的熱水同樣沖個三十秒。

重複交替冷熱水的淋浴三到五回合之後，最後一定要以冷水的淋浴收尾。這樣可以促進血液循環，緩和許多隔天會發生的肌肉痠痛。

RICE

也許在馬拉松比賽裡比較少用，在運動外傷的緊急措施裡有所謂的 RICE，藉此稍微介紹一下。

RICE是外傷急救時的基本方法。像是扭傷，這種日常生活中有可能發生的外傷也都能派上用場，有必要了解。

RICE是四個英文單字的第一個字母所組成的。R代表Rest，I代表Ice，C代表Compression，E代表Elevation。

像是拉傷或是裂傷，身體有外傷時，不要去動到受傷的部位先休息（Rest），並用冰塊去冷卻（Ice），為了止血用繃帶用力去壓迫（Compression），把傷處抬高到心臟高度（Elevation），能減少出血。

把RICE急救做好的話，一來能防止外傷的惡化，也能縮短傷勢的恢復時間。在第一時間行動總是最重要。

保養的方法2：伸展

消除肌肉的疲勞，找回柔軟性

如今不分男女老少，伸展已是大家都知道也都能做的運動。它可以在暖身操、收操時做之外，對老人家來說也是低負荷量的溫和運動，廣受歡迎。

所謂伸展，就是伸展肌肉的意思。

持續做著收縮與弛緩動作的肌肉，在疲倦時會變為僵硬，這時放輕鬆慢慢去伸展緊繃的肌肉，能促進血流，恢復肌肉原本的柔軟性。

伸展不只是消除疲勞而已。如果缺乏肌肉的柔軟性，肌肉無法把力量發揮到最佳狀態，會影響運動表現的好壞。

大聯盟水手隊的鈴木一郎選手在擊出安打上壘後，一定會做肩膀的伸展動作。在比賽中都不忘做伸展，可見他有多謹慎。

那麼，跑者們呢？

相信很多人都是「在比賽前會好好做伸展，但是平常的練習裡就很少做」。不做伸展的理由是甚麼？嫌麻煩？沒時間？沒場地？

一旦了解伸展的效果之後，就會知道它其實對跑步是不可缺少的動作。

伸展的效果

伸展所帶來的效果對跑者來說，只能說受益無窮。

首先，透過伸展肌肉能使肌肉裡毛細血管的循環變好。血循良好不僅讓肌肉變暖，也幫助排除肌肉裡的老廢物質，促進消除疲勞。

伸展還可以提高肌肉的柔軟性，增加關節的活動範圍。柔軟性變高，活動範圍變廣之後，跑起來身體比較輕鬆，跑步姿勢也會變得順暢。這也代表跑步裡的每個動作都不需要逞強就做得到，降低運動傷害的風險。

如果慢慢的一邊深呼吸一邊伸展，還有緩和緊張情緒的效果，而輕微的肌肉痠痛，也可以靠著做伸展減輕痠痛感。

在暖身操裡面加入伸展動作，是為了順暢的跑步預先做準備。

在收操中做伸展，能提早消除疲勞，隔天比較不會肌肉痠痛。

對於從來不認真做伸展動作的跑者來說，伸展能解決很多你的問題，可以精簡地做，不一定要花很多時間。希望跑者們都能做好伸展，告別疼痛和運動傷害。

至少做優質的伸展動作

研究伸展動作你會發現，它的作法各式各樣，種類有數百種吧。不需要全部記起來，跑者只要記得關於跑步的部分就夠了。也就是伸展從腳踝到肩膀、頸部，每個關節之間的肌肉。

如果你時間不夠，至少要做優質的伸展動作，現在開始總共介紹十一種伸展。

花在伸展的時間，每個部位平均十五到三十秒就足夠了。不要憋氣，緩緩的一邊吐氣一邊伸展的話，肌肉會慢慢的變得柔軟。伸展動作最怕急匆匆地做。

① 腳踝與脛骨的伸展。
腳尖著地，
慢慢的施加重量
在腳尖上。

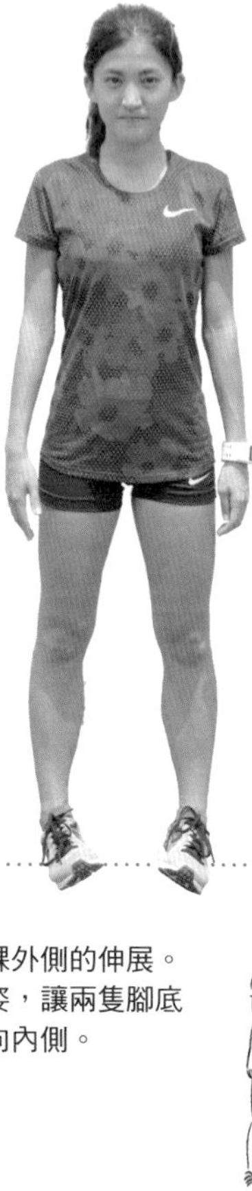

② 腳踝外側的伸展。
立姿，讓兩隻腳底
朝向內側。

③ 小腿與阿基里斯腱
的伸展。
雙腳前後張開，
慢慢的施加重量
在後腳上。

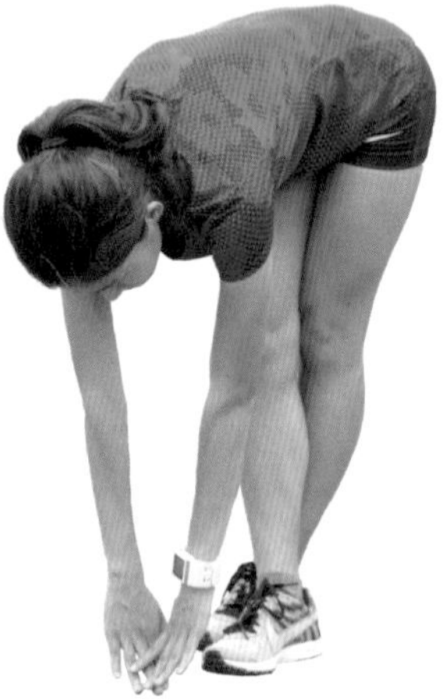

④ 大腿後側的伸展。
雙腿交錯，
上身往前下彎。

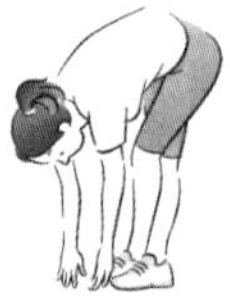

⑤ 大腿前側的伸展。
一條腿往後拉起，
用同一側的手撐住。

⑥ 大腿外側的伸展。
單腿膝蓋彎曲，
膝蓋內側貼近地板，
用另外一隻腳
壓著膝蓋。

⑦ 臀部的伸展。
單腿膝蓋曲起，
另一邊的腳踝外側
放在膝蓋上，
身體往前傾。

⑧ 腰部的伸展。
單腿膝蓋立起，
放在另一側伸直腿
的膝蓋外側，
在立起的膝蓋上方
用反側的手為支點
扭轉身體。

⑨ 背部的伸展。
抓起雙手往
身體前方伸展，
試著去張開肩膀。

⑪ 頸部的伸展。
用兩手壓著頭部後側，
使頸部往前傾。

⑩ 肩膀的伸展。
一隻手往前伸，
用另一隻手
往身體內側推壓。

使用道具做伸展

伸展當然是光靠身體就可以做，但最近市面上販賣著可提高伸展效果的道具。使用這些道具，可以更仔細徹底的做伸展動作。在這裡介紹幾個對跑者很有幫助的道具。

1 平衡球

直徑五十至六十公分左右的彈簧球。坐在不穩定的球上時，身體會很自然的去取得平衡。利用這原理能鍛鍊肌肉與進行伸展。只要坐在平衡球上稍微動一下再回到平衡，就能達到腰部肌群的伸展效果。

2 瑜伽柱

直徑約十五公分，是以發泡聚乙烯作為材料的圓柱形道具。它和背部按摩的效果相似。

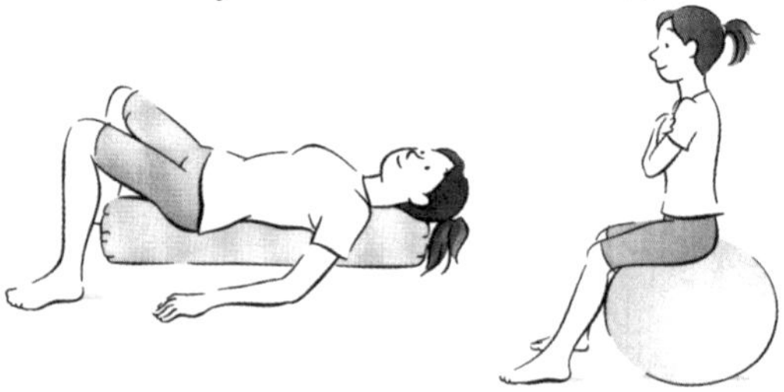

3 伸展板

可依站的角度調整的板狀道具。站在這上面，去拉小腿和大腿內側的肌肉。和在平地做的效果相比，能增強伸展的效果。

4 垂吊道具

例如手抓著鐵欄杆身體垂在下方，以及用腳踝固定住欄杆、學蝙蝠倒掛垂吊著。不管是靠哪個方法，都可以透過自己體重的重量去伸展背肌和背部周圍的肌肉。

保養的方法 3：按摩

自己就可以做到的保養

按摩不只能消除肩膀痠痛，也有助於消除跑步的疲勞以及預防運動傷害。透過各種方法去按摩由於疲憊而僵硬的肌肉，可以促進血液循環和恢復肌肉的柔軟性。

在專門的治療所接受按摩效果會比較好，如果它又有替運動選手看診的經驗那會更好。不過也有能自己做到、不用花錢的幾個方法。就算沒有專業知識，由於是自己的身體與肌肉，能感覺與確認按摩時的疼痛感和鬆弛的效果。自行按摩的優點在於：你可以更了解自己的身體。

例如腿的特定部位在疼痛時，靠自己的手去確認疼痛的原因。比如說，某一邊的腿發生疼痛，有可能是跑步姿勢失去了平衡。這時候試著觸摸自己的肌肉，稍微按摩看看。先去確認左右兩條腿的肌肉僵硬程度的差別。感到疼痛，多半是因為某一邊腿的肌肉裡出現硬塊，導致左右兩邊失去平衡。靠自己去觸摸，就可以清楚的確認到。

每晚泡澡放鬆時，如果養成習慣確認身體的平衡，自然能成為不容易受傷的跑者。

用手按摩

接下來介紹自我按摩的方法。

首先是用手按摩。用手按摩比較容易做變化，力道強弱也好控制。可用手指、手掌、手肘，有很多種變化方式。唯一的難處是背部，有的地方自己的手伸不到，就無法按摩到了。

自我按摩的主要部位和方法，有以下四種：

1 大腿前側

比賽完的隔天，大腿前側容易引起劇烈的肌肉痠痛。肌肉痠痛的大腿前側部位，常會有硬塊。這時坐在椅子上，用大拇指沿著硬塊指壓。如果手指的力量不夠大，可以把手肘放在硬塊上輕輕的用體重施壓，如此一來可以做到比較強的按摩。

2 大腿外側

肌肉還沒發達就去跑長距離的話，容易在膝蓋外側引起激烈的髂脛束症候群（前面已說明），疼痛處主要是在大腿外側的肌肉。這時候請坐在椅子上，如果症狀發生在右大腿，請用左手的食指、中指、無名指放在僵硬的右大腿外側直到它下方的肌肉，再用右手壓在左手上，用兩隻手的力道去指壓。

3 小腿

加快速度跑步之後，小腿可能會產生好幾處硬塊。這時候請坐在地面上，用單隻手去抓住小腿，按摩柔軟這些硬塊。

4 腳底和腳踝周圍

坐在地面上，用大拇指按壓腳底和腳踝周圍。

用腳按摩

跟手比起來更容易使力的腳，也可以是按摩的手段。用腳踝或是腳跟按摩，效果也相當不錯。

坐著時把膝蓋打直，用腳踝的外側按摩膝蓋下方的部位，如此一來可以鬆弛腿部下方脛前肌以及附近部位。此外用腳跟也可以按摩另一隻腳的腳背。

幫別人按摩時，比起用手，用腳趾、腳跟、膝蓋去按摩腰部這種大塊的肌肉，更容易使力，更有效果。

針對某些特定部位幫別人按摩時，例如背部或是小腿等等相對比較敏感的部位，要鬆弛小塊肌肉時會用到腳趾。

用腳跟按摩，可以施予比較大的力道。例如在按摩腰部、大腿與臀部時。

用膝蓋可以施予最大的力道，適合用以大範圍的按摩。如果腰部僵硬、疲勞的程度大，用膝蓋做按摩是很有效的。

和同伴互相做按摩

就算不去按摩療養院，只要有同伴就可以互相做按摩。

一開始沒辦法馬上學會按摩的技術和方法，那麼就回想專業的按摩師幫你按摩時的體驗。一開始只要依樣畫葫蘆就行。看看對方的反應，一邊按一邊和他溝通，注意不要讓對方太痛就可以了。

外行人在互相按摩時，需要注意幾個事項。

那就是絕對不要去碰發炎的部位。還有肌肉以外的部位，比如說膝蓋後方的肌腱等等比較敏感的部位也不要去按摩。

慢跑練習時，和自己的身體對話是很重要的要素。替別人做按摩，也可以當作是理解肌肉構造和狀態很好的機會。

使用道具

不用手腳，用道具按摩也行。但不需要買一台數十萬的電動按摩椅。只要使用家裡面有的東西就可以做按摩。像是可以鬆弛足弓的腳底按摩器，或是啤酒瓶、紅酒瓶，也適合做腳底的按摩。

高爾夫球也是自我按摩時常用的道具。小又硬，很容易使用。橫躺在床上時，可以放在腰部和背部按摩，坐在椅子上時，也可以踩在腳底滾動，工作時你也能一邊工作一邊踩高爾夫球。

跑步的疲勞，不只是會累積在下半身，也容易出現在手搆不著的腰背部，這時候靠道具做按摩較方便。

最近在大型的百貨公司或是雜貨專門店裡，一定都有販賣健康相關產品的專櫃。這些不只是販賣健康食品而已，也販賣著健康道具。建議走一趟，也許會發現有趣的道具。

促進血液循環的淋巴按摩

除此之外，按摩還有很多方法，在這裡想介紹淋巴按摩給跑者們。

淋巴按摩能促進淋巴液循環。淋巴液透過淋巴管和淋巴節，滲透到全身。它具有排泄代謝物，保持免疫力的功能。和血液一樣，如果它的流動不順暢，身體會出現浮腫等等不好的反應。

淋巴液的流動如果不順暢，身體容易感冒，疲勞也不容易恢復。如果跑者的肌肉明明很柔軟了，但還是無法改善倦怠感的話，建議可以試試淋巴按摩。

第 7 章

減重

很多人都會以為減重＝控制飲食。當然攝取的卡路里比消耗的卡路里低的話，理論上是可以減重成功。但如果想當個健康的跑者，重要的前提是要有能夠跑步的身體才行。太過於極端的去控制飲食，並快速地去減重的話，體重肯定是會減輕，但也有可能使重要的肌肉跟著衰退。

體重輕，跑得才快

跑步是搬動體重的運動

你正在懷疑「最近是不是變胖了」？接下來，來談談減重。

不只是對想要永保美麗的女性，對於暴飲暴食、慢性運動不足的現代人來說，減重永遠是課題。相信有很大比例的人，是以減重為目的而開始跑步的吧。而跑步對減重的顯著效果，不言可喻。

在這之前，希望你能重新理解跑步和體重的關係。先回想在第2章裡提過，跑步的物理基本原理。

跑步是用自己的身體和腳去搬動體重的運動。當我們走路時，一定有一隻腳落在地面上，但是跑步會有一瞬間是身體飄浮在空中再著地。這時候落下的能量，會幫助身體再次浮到空中。如果能善用這能量，相信可以輕鬆的跑步。

體重愈重，落下的能量會愈大。但體重愈重代表跑步就會愈快嗎？並不是這樣的。

體重愈重，落下的能量確實是會比較大，但是相對的需要能夠支撐體重的強韌肌肉，以及驅動肌肉的氧氣。不同於數十公尺的短程衝刺，馬拉松必須要跑很長的距離，體重輕，才能減少整體的活動量，提升效率。

此外，體重輕，透過血液搬運氧氣到肌肉的效率也會提高，不只是可以輕鬆跑步，也不容易在肌肉裡累積疲勞物質。

在馬拉松裡，體重還是愈輕愈好。

乳酸的累積和最大氧氣攝取量都和體重有關

有個科學指標可以測出馬拉松的實力。那就是乳酸值和最大攝氧量。

在第3章我已經說明過乳酸。最近關於乳酸的研究日新月異，也有一種說法主張，它並不是疲勞物質，反而是會幫助早日消除疲勞的一種物質。不管如何，乳酸都關係到肌肉的疲勞，並隨著疲勞的程度而增加。

理所當然的體重愈輕、衝擊力會愈少，也比較不會累積乳酸這種疲勞物質。

另外一個指標是最大攝氧量。

這指標代表攝取氧氣搬運到肌肉裡的效率。測定的方法是收集所有測驗者在跑步時的吐氣並去分析成分。

最大攝氧量愈高愈好。歷代有名的選手也大多有很高的數據，並驗證了他們高水準的持久力。如果不跑步的一般人最大攝氧量是40的話，一流的馬拉松選手會將近到80。

最大攝氧量是以體重為分母的一項能力。除了很高的心肺功能之外，體重愈輕，最大攝氧量的值也會愈高。

從此可知道，馬拉松的實力和體重有密切的關係。

減重是女性跑者的課題

看電視轉播你會發現，一流的選手每一個身材都又瘦又結實。原本以豐滿為象徵的女性，各個身材纖瘦。頂尖選手追求的是紀錄和成績，會特別在意直接影響成績的體重管理。

當到了最容易長脂肪的年紀，為了減重克制甜食和想吃的東西，這對選手來說是精神上的折磨。但為了自己的競賽成績，大家都會忍耐去做。

當然透過跑步是可以燃燒脂肪。一天如果練跑二十至三十公里的話，可以燃燒相當多的脂肪。但事實卻很現實。長年的跑步經驗，會讓身體的構造變得非常有效率。也就是說，身體會變得不容易燃燒脂肪。

我們可以用頂尖的女子馬拉松選手，她們的減重方法當作參考。她們一個月的練習量超過一千公里。以不正常方法控制飲食的話，就算瘦身成功，可能會搞壞身體沒辦法持續練習。

每位女子選手對目標都有堅強的意志。要吃飽，但對飲食會非常的挑剔。她們只吃有營養的東西，好吃但沒有營養的東西就盡量不攝取。離目標比賽的幾個月期間裡，她們會徹底控制飲食，成功地去減重。

至於那些甜食和想吃的東西，她們會在比賽後當作是給自己的獎勵，盡情去吃。這種飲食方法劃清了界線，不容許任何惰性。

不減少肌肉量，燃燒脂肪吧

很多人都會以為減重＝控制飲食。當然攝取的卡路里比消耗的卡路里低的話，理論上是可以減重成功。但如果想當個健康的跑者，重要的前提是要有能夠跑步的身體才行。

太過於極端的去控制飲食，並快速地去減重的話，體重肯定是會減輕，但也有可能使重要的肌肉跟著衰退，需要特別注意。

減少肌肉量，會影響跑步的表現，運動傷害的風險也會提高。而且如果營養不足，造成貧血的話，連跑步都會很困難。

需要減重的是多餘的體脂肪。但為了要燃燒體脂肪，肌肉運動是缺少不了的，請不要以極端節食方式讓肌肉量減少。

我認為跑步和減重理想的順序是：**跑步↓正常的飲食生活↓鍛鍊肌肉↓用這肌肉去燃燒體脂肪↓減輕體重**。

和上述相反的順序是：跑步↓控制飲食↓暫時性的減輕體重↓肌肉衰退↓體脂肪沒辦法燃燒。

千萬不要忘了，減輕體重的最終目的為何，不要著急的只想要減輕體重。

學習一流選手的體型

一流選手的身材很美。這有一部分是靠天生的骨架，但另一部分是靠後天的練習培養出來的。

跑步的終極目標是「消除多餘」。一流的選手除了在跑步方法上沒有多餘的動作，連體型都沒有任何的多餘。而且不僅是沒有多餘，她們的肌肉是如此柔韌又結實有力。具有美麗身材的一流選手，光是站著就會散發出特別的氛圍。

曾經是女子馬拉松的世界紀錄保持人，英國的寶拉・拉德克里夫（Paula Radcliffe）選手，她的腿非常細，有著如時尚模特兒般的美麗身材。穿著一般衣服的她彷彿像是個貴婦人，第一眼看不出她是運動選手，她的腹部和腿，卻擁有結實柔軟的肌肉。

和這麼理想的身材相比，不運動只靠飲食控制練出的身材，雖然瘦，但還是遜色了點。不靠運動的減重方法，臉色與肌膚都會失去光澤。讓我們以一流選手的身材為目標吧。

為了減重，最少需要三十分鐘左右的練習

燃燒脂肪的原理

在這裡說明，減重的基礎——燃燒脂肪的原理。

在第3章已說明過何謂無氧運動與有氧運動。相對於「短暫而激烈」的無氧運動，「緩

慢又長」的是有氧運動。有氧運動的能量需要靠脂肪的運用。

脂肪是和氧氣相結合才會燃燒，產生能量。燃燒完脂肪之後，會變成二氧化碳和水並被排出體外。跑步進行到三十分鐘左右，燃燒脂肪會變得旺盛，如果不停下來，脂肪的燃燒也會跟著持續。

也就是說要燃燒脂肪需要幾個條件：

1、不是瞬發性的運動。

2、需要充分的氧氣。

3、最少需要持續三十分鐘。

只要符合以上三個條件，脂肪肯定會開始燃燒。所以緩慢的肌肉運動——慢跑或是LSD，都具有減重的實質效果。

稍微開始流汗之後

開始跑步之後，要用甚麼標準去判斷「差不多開始燃燒體脂肪了」？

當然可以靠科學的方法確認。但是對一般的跑者來說，邊跑邊做呼氣分析或是血液檢查是幾乎不可能的。

前面提到，至少要運動三十分鐘，可以用錶去測量時間。也可以靠直覺。那就是邊跑邊確認背部和額頭上是否開始流汗。依季節、還有跑步時穿的衣服種類和穿的量，都會影響流汗，但容易流汗的人大約跑十五分鐘，不太流汗的人大約跑個三十分鐘，就應該會稍微開始流汗。出汗之後，心情和身體狀況會明顯變好，這種感覺就是在燃燒體脂肪的狀態。

好不容易開始旺盛地燃燒起體脂肪，這時如果停止跑步是很可惜的。要注意不要打亂了呼吸與跑步的節奏，慢慢地繼續跑步，這樣可以更進一步燃燒體脂肪。

我們對減重常常有的錯誤認知，是故意穿著密不透風、會使你大量出汗的衣服去跑步，這的確能排很多汗，跑完步後量體重會明顯的減輕，但是減輕的體重幾乎都是以靠流汗排出去的水分為主。

此外，在大熱天排太多汗反而會阻礙長時間的跑步。穿著適合季節的薄衣，並去感受稍微流汗的感覺，這樣才適合脂肪的燃燒。

能量系統改變，疲倦感也會變

無氧運動和有氧運動除了使用的能量不同之外，運動後的疲倦也很不一樣。最能代表無氧運動的疲倦是激烈的肌肉痠痛。相對的，做完有氧運動，肌肉痠痛沒那麼嚴重，但是全身會感到倦怠。從疲倦的不同，可以辨別自己的跑步是有氧運動還是無氧運動。

一般人會把短距離的衝刺當作是無氧運動。但是慢跑，就不知道它是有氧還是無氧。前面提過，慢慢地跑步並不一定就是完全的有氧運動。

每個人的有氧能力都不同，大多數跑者不知道適合自己的跑步速度為何，這時候可以靠隔天的疲倦感去判斷。

以減重為目的跑步的人，必須要透過有氧運動燃燒脂肪才行。也就是用盡量不引起肌肉痠痛的速度去跑步。

以燃燒脂肪為目的跑步

前面剛提過，燃燒脂肪的三個條件。如果以跑步的觀點來看，可以改成以下三個條件。

1 不要跑太快

跑太快，就不是燃燒脂肪的有氧運動。舒服的跑步，不要去提高速度、讓呼吸變得急促。

2 不感到疼痛

激烈的肌肉痠痛是無氧運動的證據。無氧運動不會使脂肪燃燒，所以要小心不要跑到引起肌肉痠痛。

3 不厭倦

最能代表有效減重的練習，是LSD。LSD是花好幾個小時持續跑步的一種練習。但相信也有人因為厭倦而半途而廢吧。這樣的跑者，可以邀跑友一起跑步，或是找一個有美麗風景的地方跑步，或是聽著喜歡的音樂跑步等等……想辦法不去厭倦它。

燃燒脂肪的訣竅

是否要在跑步前吃東西

想要透過跑步有效率的燃燒脂肪，有幾個訣竅。首先來看和飲食的關係。

每次吃飯，攝取的能量會讓血糖值升高。長時間沒有吃東西時，反而會下降。也就是說，跑步之前如果先吃飯血糖值會升高。血液中如果有豐富的能量，肌肉會去使用這些能量。所以比較不會引起脂肪的燃燒。再加上如果跑步前吃太多，胃裡面會留有食物。雖然每個人的反應會不一樣，但有人會因此發生胃痛或是想嘔吐。為了預防這些問題，如果要在跑步前吃東西的話，盡量是在跑前四個小時吃東西會比較好。

血糖值太低也是個問題。

假設中午吃完午餐下午工作，晚上回家之後不吃晚餐，晚上九點多出去跑步。工作、通勤已經耗費了相當多的能量，如果在這之間不吃個零食的話，血糖值會變得很低。

低血糖值的狀態之下，腦的運轉會變得很不靈活。它不只是會導致失去鬥志，大腦傳到肌肉的指令也會不靈光，並帶給跑步姿勢不好的影響，而無法有好的表現。如果失去跑步的平衡而引起受傷，到時候想減重也都沒辦法。所以這種情況下，建議在跑步前吃個容易消化的輕食。

晨間練習可以幫助減重嗎？

常常會被問到「早上跑步好，還是晚上跑步好」。我總是會回答「早上」。理由有好幾個，減重是其中之一。血糖值低的時候和血糖值高的時候相比，燃燒脂肪的效果會比較高。當然吃早餐前血糖值都偏低，所以起床後適度的跑步，有助於脂肪的燃燒。

但需要注意的是，剛起床時體溫偏低，肌肉和關節都還沒醒過來，所以千萬不可以沒做暖身操就直接跑步。

這不是只因為會引起運動傷害而已，透過暖身，有促進燃燒體脂肪的效果。就算沒時間，至少要做基本的體操和伸展動作。然後在跑步前要做充分的健走。先去活動肌肉和關節，心肺機能也會開始運作，才算是做完有氧運動的準備動作。

開始燃燒脂肪之後，慢慢加快速度

前面提到，開始跑步三十分鐘之後，脂肪的燃燒系統會變得旺盛。如果不是充分的有氧運動，無法燃燒脂肪，要慢慢跑才會有效果。如果一開始的速度太快，有氧運動的系統沒辦法好好運轉，恐怕會影響到之後的脂肪燃燒。

等過了三十分鐘，整個身體會開始流汗。這時候已經是在燃燒脂肪的狀態了。從這時開始可以繼續維持一樣的速度跑步，有實力的跑者如果在心率上還能負荷的話，可以稍微加快速度。

提高心率相對的運動強度也會變高。運動強度變高，肌肉運動也會變得更活躍。這時候就需要能量，體脂肪也會一直被燃燒。

此時要注意的是前面提過的——不要跑太快。一定要壓在有氧運動的範圍內才行，速度壓在呼吸不痛苦的範圍為佳。

活用比賽

前面提到LSD最適合減重。如果每週能花個二至三個小時做LSD的話，體脂肪確定會被燃燒。

但是，其中一定有人會厭倦一個人跑這麼久，而不喜歡做這樣的練習。這樣的人，可以多利用半程或是全程馬拉松賽。

路跑賽可以和很多人一起跑步，沿途也有很多加油團的觀眾，跑起來自然心情雀躍。

而且大會準備了補給站，不需要擔心會脫水。

一到比賽，會很自然的去在意成績，盡全力地去跑步，但反過來說，並沒有規定不能慢慢跑。

日本的半程馬拉松的規定時間大約是二至三個小時，全馬的話大約是四至五小時，做LSD綽綽有餘。

慢慢跑也許還能發現平常沒注意到的風景，也可以跟和你速度相仿的跑者聊天，比賽後對身體的負擔也不大。慢慢跑其實很不錯，把路跑賽當作是一場嘉年華去享受，而且又可以期待減重，真是一舉兩得。

最重要的是飲食習慣

減重的基本是控制卡路里的攝取量和消耗量。剛開始跑步的人，可以靠跑步增加卡路里的消耗量。但是如果沒有控制好攝取量的話，反倒會失去平衡。

一定不要太極端的去控制飲食。如果極端的控制飲食，有可能會失去跑步的鬥志和體力，反而容易復胖。

關於控制卡路里的攝取量，重要的是以下三點：

第一，不經過考量，吃的都是些無營養的食物。

第二，不要養成睡前吃東西的習慣。睡眠中幾乎沒有肌肉運動，睡前吃東西，非常可能會把多餘的卡路里囤積到體脂肪內。

第三，不要偏食。容易變胖的人大概都偏向油膩或是甜的飲食。並不是說絕對不能吃這樣的東西。要均衡的攝取各種食材，這樣才能控制住卡路里。

改善對飲食的觀念之後，對於食物你慢慢的會有自己的想法，會變得盡量不吃對身體沒有好處的食物，只選對身體有好處的食材攝取。

你慢慢的會發現，像是有機栽培的蔬菜這種對身體好的食材，其實很好吃，而冷凍食品等等高卡路里、添加物很多的東西漸漸會覺得不好吃。了解「好的定義」，口味會變得很挑剔。

這種練習會有反效果

跑步成癮，貪吃的人

原本是想透過跑步減重，卻導致反效果，不知道你有沒有這樣的經驗呢。好不容易培養出跑步的習慣了，目標當然就是要雕塑成理想的身材。

開始跑步之後，生活會有很大的變化。在很多事情上我們會樂觀進取，心情上、體力上都會有活力。但是完全沒有任何計畫也不好。憑當下的心情跑步或是吃東西對身體並不好，對減重也會有反效果。

首先來談談跑步成癮無法自拔的人，建議這樣的跑者至少要寫練習日記。前面提過不需要寫詳細的內容。在常用的筆記本裡記錄「跑了幾分鐘」、「跑幾公里」就好了。

跑步成癮的人沒辦法分析過去、預測未來。所以只能透過在筆記本做記錄，慢慢去改變想法。

貪吃鬼也請在吃飯之前，先去想清楚這一餐是否營養均衡。像練習日記一樣要把吃的東西記進去的確很麻煩。

光只是思考就可以，這樣的話大家都做得到。只要注意以下三點，相信可以改善貪吃的壞習慣：

1、要好好咀嚼，慢慢吃。

2、要邊吃邊想著三大營養素（蛋白質、碳水化合物、脂肪）的均衡。也要多攝取蔬菜才行。

3、不吃無謂的東西（比如說喝完酒之後吃拉麵收尾）。

反覆短程衝刺

關於跑步，大家都有自己的跑法。對於還沒有足夠的體力跑長距離的人來說，可以分好幾回做短時間的練習。

但是必須要注意的是，不可以把短時間的練習當成是無氧運動，也就是不要變成單純的反覆衝刺練習。

短距離衝刺這種無氧運動，會使你流很多汗，對喜愛這種練習的跑者來說是舒服的運動。但我一再重複說明，無氧運動不會燃燒體脂肪。

這樣的跑者，首先要提醒自己用緩慢的速度跑步。擁有肌肉與運動經驗的男生，特別容易一不小心就速度過快。

也許他們誤會跑步＝衝刺，但如果想透過跑步減重，一定要慢慢的長時間練習才行。可以在訓練中加入走路，先去培養緩慢的速度感，養成像走路般跑步的感覺。

無論如何速度還是會變快的跑者，請回想「龜兔賽跑」的故事，腳程比較快的兔子在中途睡著，結果是腳程慢的烏龜比兔子還早抵達終點。這個故事可以當作是很好的提醒。

多跑一點，多吃一點

對於工作忙碌，無法挪出時間來練習的人來說，也許一週只有一天可以好好的跑步，甚至一個月只能跑幾次的也大有人在。

這麼忙碌的人，在挪時間時也許會想，為了要累積距離，乾脆一次跑長一點的距離。這就是「多跑一點」的典型。

「沒有時間所以只能這麼做」，這完全能理解。但是，就算能滿足當下或是練習了幾天的效果，還是無法改善肌耐力和持久力，實力一直都無法提升。

沒有時間跑步的人，必須要在跑步之外的地方下點功夫才行。要在生活習慣裡培養基礎體力和肌耐力的練習。重複前面的內容，最容易做到的是在生活裡徹底的去走路。透過培養走路習慣去維持體力和肌耐力時，就算跑步的頻率變少，也能維持練習的效果。

一次「多吃一點」的人也是，儘管一次塞進許多食物到胃裡面，攝取的能量並不會一直都會被保管。食物的攝取到排泄有規律的時間與過程。一天三餐攝取適度的量，每天持續，才符合人體的原理。

一次吃很多或是跑很多的人，也許就是「熱得快，也冷得快」的人吧。練習和減重一樣，能持續下去才是關鍵，要持續下去才能得到最大的效果。

跑步以外，過著頹廢的生活

練跑高人一等，但練跑以外的生活就不如一般人，這樣的人要注意。這種跑者不僅無法減重，甚至有可能會弄壞身體。

比如說，以減重為目的開始跑步的人，假設第一個月成功減輕了體重，有可能就此以為減重成功，回到原本不好的生活習慣，前功盡棄。不好的生活習慣例如暴飲暴食、過度喝酒抽菸、熬夜、睡眠不足等等……

持續跑步，身體狀況、食慾肯定會變好。有了體力，稍微有點逞強也沒問題。但是如果在跑步之外過著糜爛的生活，長時間變成了一種習慣的話，不僅無法更進一步期待減重的效果，甚至有可能會罹患內臟的疾病。例如增加心臟的負擔罹患心臟病等等。原本以健康為取向的跑步，有可能被帶往不好的方向。

跑步是對身體好的運動，但千萬不要忘記，它同時也是一項會帶給身體許多刺激的運動。如果一旦忘記要照顧身體，它也是一把雙面刃。

減重是一種習慣

再怎麼胖的人，大多也都有過瘦的時期。相信這些人離瘦的時期已有一段時間，並囤積了體脂肪。回想一下這段時間的生活習慣和飲食習慣，相信這段期間應該都沒有接觸運動吧。

不太可能把變胖的理由歸咎為「那一天吃太多了」。大半的人一定都是「日子過得不知不覺，等發現時已經變胖了」。變胖的理由在於容易變胖的生活習慣。習慣是每天不知不覺在做的行為，才會發生「發現時已經是……」的情況。

減重也是一樣。養成習慣的話跑步不是痛苦的事，而變成不可或缺的習慣。在飲食生活裡，一開始要忍耐想吃的東西也許會很痛苦，但慢慢地你的身體會習慣攝取不發胖的東西。

忍耐想吃的東西，暫時減輕了體重，大家都知道這種減重方法容易反彈，最後變得比之前更胖。

如果能將跑步變成日常生活中的習慣，其實也不需要減重這個詞了。希望大家都能保持這樣的好習慣。

第 8 章

營養

馬拉松選手需要的不只是肌肉。在搬運氧氣和能量、排出代謝物上，缺少不了血液循環的正常運作。血液循環和營養之間有密切的關係。跑者需要的三大營養素：「轉化成血液和肌肉」的蛋白質，「轉化成驅動身體能源」的碳水化合物，再來就是「調整身體狀況」的維他命類。

身體是由吃進去的東西所構成的

要培養強韌的身體

跑者的身體，表面看起來瘦瘦的裡面卻很結實，那是由於透過長距離的練習，身上雖然沒有多餘的體脂肪，但心肺功能和肌肉卻很發達。

除了肚子裡的胎兒以外，包含跑者在內，人的身體都是由吃進去的營養所構成。人是雜食性動物。由於有順應能力，就算每天持續吃巧克力也能夠不餓死的活下去。但是持續這樣不均衡的營養，無法擁有強壯的身體。

美國曾經有一部叫「麥胖報告」（Super Size Me）的電影轟動了一時。這部電影描述了一個月一直吃同樣的速食會變甚麼下場。電影裡實驗的結果，是體重增加了十二公斤，變成了肥胖的身材。不僅如此，內臟機能也明顯的衰退，醫生提出了警告。這就是攝取過多的卡路里之外，營養不均衡的極端例子。

便利商店普遍之後，進入到想吃甚麼都隨時找得到的時代，但正確的營養觀念卻變得很薄弱。希望大家要記得，身體是由吃進去的東西所構成的。對於目標是全馬的跑者來說，營養學是必修的科目。

肌肉的種類

身體是由吃進去的東西所構成，和跑步有密切關係的肌肉，也會受到我們吃進去的東西很大的影響。

人的身體，大致可以分為兩種肌群。一個是構成心臟和內臟的肌肉。另外一個是佔身體大部分肌肉的骨骼肌。

我們不能靠自己的意志去操作心臟等肌肉，所以它也稱做「不隨意肌」。骨骼肌由於可以靠我們的意志去操作，所以被稱作是「隨意肌」。

細微的纖維成束，再由幾個成束的肌纖維構成肌肉。肌纖維的數量不變，但透過鍛鍊可以讓它變粗，有人稱之為肌肉肥大。

長距離的跑者不需要太大的肌肉，但需要柔軟又具有彈性的肌肉。當然肌肉的發達程度受遺傳基因的影響很大，透過適當的訓練和飲食，可以後天性的塑造出理想的肌肉。

蛋白質

構成肌肉的肌纖維是由蛋白質所組成的。蛋白質更細微的構成要素是胺基酸。要塑造優質的肌肉，重要的是在適當的時機攝取優質的蛋白質。

那麼所謂優質的蛋白質是指何種食材？

首先植物性蛋白質的代表是大豆。在日本料理裡有許多大豆製料理，很適合跑者。其中發酵食品中的納豆，就是容易消化，又對身體有好處的食物。日本的職業選手和學生在密集訓練時，一定都會吃納豆這道食材。

也許你會覺得意外，稻米裡面其實也含有豐富的蛋白質，但不是在白米而是在糙米裡面。糙米被稱作是「完全食材」，它含有蛋白質以外的許多營養素，推薦給平常就照顧身體的聰明跑者當作主食。

再來就是動物性的蛋白質。

攝取動物性蛋白質，有魚類和肉類兩種選擇，但是魚類含有其他營養素，和肉類相比較好。魚類裡紅肉與白肉魚皆可，若是能連骨頭都吃下去的魚類，更可以攝取到鈣質。順帶一提，女子馬拉松野口水木選手喜歡吃的東西是鮪魚的生魚片。

至於肉類，脂肪比較少的雞里肌肉，以及含有維他命B群的豬肉很適合跑者。油膩的牛排、霜降牛肉固然美味，但油脂太多了。

至於攝取蛋白質的時機何時較好呢？

辛苦的練習之後，身體會渴望蛋白質。做完距離練習和速度練習，引起肌肉痠痛，或是累積一定程度的疲勞時，肌纖維會遭受到破壞。要修復被破壞的肌纖維時，蛋白質就是缺少不了的營養素。

回想起過去跑薩羅馬湖百公里馬拉松的經驗。那時雖然成績不好但跑完了全程。賽後我經驗到了前所未有的肌肉痠痛。在比賽結束的一星期內，我變得渴望吃肉，那次是生平第一次這麼渴望肉。由此可見那時候的肌肉是多麼需要蛋白質啊。

維他命製造好的循環

馬拉松選手需要的不只是肌肉。在搬運氧氣和能量、排出代謝物上，缺少不了血液循環的正常運作。血液循環和營養之間有密切的關係。

唸小學時，每一間教室一定都貼有關於三種營養素的海報。

「轉化成血液和肌肉」的蛋白質。「轉化成驅動身體能源」的碳水化合物。再來就是「調整身體狀況」的維他命類。

維他命是蔬菜和水果裡的有機物。功能正是「調整身體的狀況」。維他命有維他命A、維他命B群、維他命C、維他命D、維他命E、維他命F、維他命H、維他命P等等。其中維他命B群，深切的關係到血液的循環。維他命B_3是維持血液流通上缺少不了的維他命。蔬菜和水果裡含有許多維他命，所以理所當然的，我們要在平常的飲食生活裡注意攝取量。

此外，鈣和鎂、鋅、鐵、鉀、鈉等礦物質，對跑者而言都是在調整身體的狀態上缺少不了的營養素。

身體裡，礦物質和維他命一樣，扮演了重要的功能。一缺乏，好不容易鍛鍊出來的身體就沒有辦法在比賽裡發揮實力。

盡量從食物中攝取維他命和礦物質比較理想，但還是缺乏的人，可以利用營養片（待後面介紹）。目前在藥局或是運動用品店都擺有豐富的商品種類，歐美流行一種「維他命專賣店」，目前在亞洲也漸漸流行。

睡前不吃東西

在減重的章節提過，對選手來說，睡前吃東西這習慣是很不好的。變成容易變胖的體質是最主要理由。

在早餐、中餐裡攝取的食物，會被轉化為白天活動的能量被消耗掉，比較難變成脂肪被囤積，加上身體的循環如果正常，胃腸也會順暢的蠕動。

相對的，吃晚餐時身體其實已經在做休息的準備，因此會分泌許多降低血糖的胰島素，這讓身體容易囤積脂肪。

不僅如此，睡前吃東西是會影響睡眠。胃裡面還有食物，神經沒有辦法好好休息，睡眠也會變得很淺。練習後疲憊的身體要靠睡眠恢復。盡量去熟睡，肌肉和神經才會得到休息。

酒精，適量就好

許多馬拉松選手喜歡喝啤酒。要找到不喜歡喝啤酒的跑者搞不好更難。每天跑步，釋放大量的汗水之後所喝的啤酒，的確是比其他飲料都還來得美味。

透過跑步被解放的心情，在酒精的助陣之下，會更加開放。很多跑者就是「為了要喝美味的啤酒」才在跑步。

請放心，我不會說「對身體不好，所以千萬不要碰酒」之類的話。但還是希望不要過量。

首先，在平常的飲酒習慣裡要注意的是，不可以過量。跑完步之後，喝兩三杯生啤酒沒有問題。但是仗著酒勢連跑好幾間店，或是喝到睡覺前一刻，這些不僅會引起睡眠不良，也會帶給胃腸很大的負擔。過度的飲酒是酒精中毒的原因。

跑步對肝臟本身就是一個負擔了，所以希望跑者在每個禮拜可以排兩天當作是休肝日。

酒精的好處在於促進體內循環，抒解壓力，但相對的也會增加胃腸、肝臟的負擔。千萬不要忘記酒精是毒也是藥。

比賽前一天如果要喝酒也要注意。比賽前一天很少有跑者會痛飲，但應該有人會抱著「啤酒的話稍微喝過頭也沒問題的吧」這種想法。

啤酒喝過多會頻繁如廁，奪走身體的水分，也就是說會變成輕微的脫水狀態。站到起跑線時如果已經有脫水的情況，淪落到跑十公里就棄權的下場，那真的是太愚蠢了。

飲食治療身體

修復身體的胺基酸

胺基酸是現今運動飲料的主流。在胺基酸飲料這種機能性的運動飲料上市之前，跑步時的飲品以水和果汁為主。

託含有胺基酸的飲料之福，跑者除了補充水分和礦物質之外，也可以同時做胺基酸的補給。

所謂必須胺基酸，就是指在體內無法合成的胺基酸，它包含纈胺酸（valine）、白胺酸（leucine）、異白胺酸（isoleucine）、酥胺酸（threonine）、離胺酸（lysine）、甲硫胺酸（methionine）、苯丙胺酸（phenylalanine）、色胺酸（tryptophan）這八種。

胺基酸是構成肌肉、血液、神經等身體主要部位蛋白質的成分，身體裡不可缺少的是八種必須胺基酸，以及能在體內合成的十二種胺基酸。

胺基酸的效果不勝枚舉，但千萬要知道，它可以有效地療養跑步後疲憊的身體，並修復損壞的肌肉。

透過飲食彌補損壞的肌肉和疲憊的身體是理所當然的事，但是能夠不在體內分解，直接攝取到身體必要的胺基酸是件好事。

在這種機能性運動飲料裡，為了增加美味常常會添加高卡路里的砂糖，所以要注意不攝取過量。但如果能善加利用，肯定是可以消除疲勞。

重要的是要提早消除疲勞

所謂練習，在另外一種意義上，是在虐待自己的身體。對於已經習慣跑步的人來說，跑步是件很舒服的事，但身體多多少少還是受到虐待。受到虐待的身體，會試圖變得比之前更強壯。這種現象，就是前面提過的超恢復。

超恢復，是身體試圖要變回原狀的自我療養現象。所以睡覺休養身體，攝取鍛鍊身體所需要的營養是很重要的事。

儘管完成多棒的練習，但身體遲遲無法恢復，是沒辦法進入到下一個練習的。如果身體還沒恢復就做下個練習，容易引起運動傷害。

一九九〇年代，有一支轟動中國運動界叫做「馬軍團」的隊伍。當時她們不斷的刷新了女子長距離賽的世界紀錄，在世界錦標賽裡囊括了好幾面的獎牌。

後來「馬軍團」曾經被質疑服禁藥而變成了另一個焦點，但那時候在媒體採訪裡，我對馬教練提到的訓練方法印象深刻。

「馬軍團」的訓練方法是每天要跑二十公里以上的距離。除了比賽日之外，一年幾乎三百六十五天都要練習。

每天的練習內容，對日本的專業選手來說不難。但如果是不休息而每天持續的話，那就不可能了。因為練習的疲勞難以在一天內恢復。

馬教練有消除疲勞的「秘招」。那就是練習以外的時間，幾乎都拿去睡覺。選手一天似乎要睡十二小時以上。再加上為了要消除疲勞，讓選手每天喝各種中藥加上烏骨雞熬出的祕方。

「馬軍團」的做法是有荒唐的部分，但徹底的去追求消除疲勞的課題時，我們終究會發現「睡眠」和「營養」這兩個答案。

營養片

各位讀者的桌上相信多少都有放些營養片吧。或是除了感冒藥之外，會放一些營養片在隨身皮包裡。

不僅僅跑者需要，從飲食中攝取營養之外的顆粒、藥片狀的營養片，也是一般市民維持健康不可缺少的生活手段。

如今營養片都擺在便利商店的明顯處，從這可以看得出趨勢。這趨勢以五十歲以下，對新情報較敏感的中年族群為主。剛好也是市民跑者居多的年齡層。

至於目標是全馬的跑者來說，要服甚麼樣的營養片，在哪一個時機吃比較好呢？

幾乎沒有跑步經驗的初學者，以全馬為目標開始練習時，剛開始一定會遭遇肌肉痠痛。要治癒肌肉痠痛，恢復不熟練的跑步引起的疲勞時，建議營養片以胺基酸系列、維他命B類為佳。

跳出了初學者，有了一點實力之後，有可能開始出現跑者特有的貧血傾向。特別是對生理痛較嚴重的女性會比較明顯。對於練習量多的中級跑者來說，為了要預防貧血，則需要含有鐵質等礦物質的營養片。

如果不幸地傷到肌腱的話，建議攝取含有鈣質、鎂質等礦物質的營養片。這些會幫助提早恢復傷勢。

當比賽接近，開始緊張時，吃些能調節身體狀況的營養片為佳。像是含有維他命C的綜合維他命，或是含有鈣質等礦物質的營養片等等，維他命C可預防感冒，缺少了鈣質心情則容易浮躁。

營養片基本上沒有味道。可以吃飯時服用，但餐後和水一起吞下比較好。

如果營養片是中藥時，醫生大多會建議飯前空腹時服用，這是由於中藥的效果會隨著吃進去的食物減退。要花時間慢慢改善體質時，也要注意營養片的攝取時機才行。

攝取太多營養片，反而影響從飲食攝取的營養是本末倒置。營養片是輔助性的營養，重點是需要細心的搭配。

肝醣超補法的觀念

甚麼是肝醣超補法？

馬拉松和營養上，有個不可以忘記的技巧。那就是「肝醣超補法」。

所謂肝醣超補法，是一種在路跑賽之前，盡量在體內囤積能轉化成能量的碳水化合物（醣）之方法。攝取的碳水化合物會化為肝醣，囤積在肝臟和肌肉內，並變化成跑馬拉松的體力。

比賽前一天，吃大量的白飯、義大利麵、甜的東西，這都算是肝醣超補法的一種。但是頂尖選手做的嚴格版肝醣超補法，大約是從比賽前一至兩週就會開始。

關於嚴密的肝醣超補法的作法，有幾個說法。一個是比賽一至兩星期前，慢慢的改成以碳水化合物為主的飲食。它是基於慢慢花時間去囤積能量的想法。由於是以碳水化合物為主，相對的要減少肉類、蛋白質的量。但還是需要維他命和食物纖維，所以要積極的多吃蔬菜。

另外一個方法是，在星期天比賽前一週的星期一到星期三去限制碳水化合物。碳水化合物暫時受到限制時，血糖會降低，會稍微變得沒有活力。然後從星期四到星期六的三天裡要完全轉換成以碳水化合物為主的飲食。

這方法和「超恢復」的練習是一樣的原理。透過它的反彈去囤積一度枯竭過的碳水化合物。

我在當選手時，在比賽前也做過後者的方法。雖然有時成功有時失敗，但和完全不做肝醣超補法時比起來，效果還是明顯的差很多。

市民跑者如果以破4為目標，也許前一天去攝取碳水化合物就足夠了吧。若還是會擔心體力不夠，建議去試試較嚴謹的肝醣超補法。

跑完一場馬拉松所需要的能量

跑完一場馬拉松需要消耗龐大的熱量。

提到熱量的代謝，我們一般會使用「基礎代謝」當作基準值。基礎代謝就是就算不運動，一天的生活裡所消耗的卡路里。用下面的式子可算出基礎代謝。

例如說，四十歲體重六十五公斤，身高一七二公分的男性，基礎代謝為一千五百四十五卡。

三十歲，體重四十五公斤身高一百六十公分的女性，則為一千一百五十九卡。

要跑完一場馬拉松，大致需要基礎代謝的三倍熱量。以剛剛男女生的例子來算，男生需要四千六百三十五卡，女性需要三千四百七十七卡。

一般人一天從飲食中需要攝取的卡路里，大約是一千五百到二千卡，所以等於需要平時的二至三倍熱量。特別是基礎代謝比較快的男性，必須要好好攝取碳水化合物才行。

雖然碳水化合物之外，體內的脂肪也能轉化成熱量，但對馬拉松選手來說，還是需要一定程度的肝醣超補。

男生的基礎代謝率計算：

66.5＋（13.7×體重）＋（5×身高）－（6.8×年齡）

女性的基礎代謝率計算：

665＋（9.6×體重）＋（1.7×身高）－（7.0×年齡）

天氣冷時要注意體力耗盡

氣溫隨著季節而不同。像日本這種四季分明的國家，夏天和冬天的溫度差很多。屬於恆溫動物的我們，身體其實是很奧妙的。我們可以維持同樣的體溫去適應任何氣候的變化。身體會透過汗水降低身體表面的溫度，或是關起汗腺，不讓熱散發出去等，我們的身體會做各種控制。

天冷時，為了要提高體溫，相對的會用到比較多的熱量。當氣溫下降，維持體溫所需要的熱量也會增加。到了夏天，排汗量增多，雖然容易感到疲倦，但是維持體溫所需消耗的熱量會比冬天少。

在馬拉松比賽裡可以穿輕便的衣服。剛開始跑步，肌肉還沒變暖之前，為了維持體溫，會消耗許多熱量。

寒冷的天氣裡舉辦的比賽，最容易消耗體力。所以愈是冬天愈是要注意做肝醣超補。

水分超補法的觀念

和囤積熱量的肝醣超補法意義雖然不同，在這裡也來介紹水分超補法。

所謂水分超補法，就是事先一點一點的補充水分，來預防激烈運動後排汗引起的脫水症狀。

但是和肝醣超補法中的碳水化合物不同的是，水並不會長時間停留在體內。就算補充足夠的水分，短時間內會變成尿被排出去。況且一次補充太多水分胃會變得沉重。此外，冰水也會增加胃的負擔。

要預防脫水，水分超補法儘管有效，但在比賽裡還是利用補給站補充水分為佳。前面提到的，不只是飲用而已，也可以拿水澆在身上，它具有和排汗一樣的效果。

跑者必須要和水保持良好的關係才行。

不好的飲食生活

最後，為了目標跑全馬的你，舉例說明不好的飲食生活。示範理想的飲食，來幫助跑者提升實力是重要的，目前已有許多出版社出版了這類書籍，請各自去參考。

在這裡要提醒大家，就算了解營養學，實際的飲食生活卻和這些知識相違背，會有負面的效果。

不好的飲食習慣常常都是在自己沒有意識到的情形下，不知不覺在做。沒有惡意，卻對身體有負面影響的壞習慣，會阻礙練習的成果。

也許有很多跑者會覺得「只是吃個飯而已，就讓我自由一點吧」。但飲食就是在每天塑造身體的基礎，不要忘了，長遠來看，飲食習慣的影響是重要的因素。

偏食

大家偏食嗎？或是極端的不吃一些東西？

不用特別說，均衡的營養是很重要的。但就算知道，還是改不了偏食的習慣，「我就是不喜歡這個食物！」但是這道料理又具有身體無法缺少的營養時，那該怎麼辦好呢？

例如說，在預防跑步造成的貧血時，我們需要吃豬肝補充鐵，但相信有不少人不喜歡它獨特的臭味吧。不喜歡豬肝的跑者，需要想辦法克服才行。

以料理手法去除豬肝的臭味，或是請教別人如何料理，再嘗試吃吃看。嫌自己料理麻煩的話，可以到中華料理店點韭菜炒豬肝。

試圖嘗試不敢吃的東西，就跟練習一樣重要。不管如何，積極正面的態度與行動，能幫助提升跑馬拉松的動機。

如果只是想簡單地去攝取營養素，其實吃鐵質的營養素就可以了。但真正的營養無法只靠數字判斷，沒有東西能勝過新鮮的食材。

不吃早餐

在忙碌的日子裡，是否因為睡過頭而沒吃早餐就去上班上學。

不吃早餐，短時間會感到肚子餓，但不久就會習慣。中午來個豐盛的午餐，多吃一點就可以彌補這飢餓感吧。但是這樣真的對身體好嗎？

教育單位也常常會討論不吃早餐的問題。探討不吃早餐是否會影響小孩的學習能力。除了體力不足，不吃早餐會造成血糖降低，影響注意力，上課的學習效率會沒辦法提升。

那麼，不吃早餐對跑者有甚麼不好的影響呢？

大人不吃早餐的話，依空腹的程度，中餐吃的量恐怕會變多吧。中午吃太多，當天的練習不僅會覺得胃沉重，還因為早上沒吃早餐的關係，傍晚的練習裡容易引起體力不足。

通常在吃完飯之後，經過胃的消化到腸的吸收大約需要三到四個小時，要變成能量則需要更長的時間。儘管中午吃很多，也不會馬上變成能量。也就是說，沒吃早餐的跑者在傍晚是沒辦法做充實練習的。

不僅如此，沒吃早餐血糖又低的狀態下，吃高卡路里的午餐容易屯積成體脂肪。這種吃法和相撲選手一樣。他們在早餐前做練習，然後吃完大量的早午餐之後，去睡午覺。透過這種飲食方法練出的身材，和跑者相比是差了十萬八千里。

喜歡吃油膩的東西

和朋友去居酒屋時，我會很在意別人都點甚麼樣的料理。

前面提過許多跑者喜歡酒（特別是啤酒）。但在聚餐時，會去選對身體好的料理的人，身材通常比較苗條。他們會點像是豆腐、碗豆、醋物這種卡路里低但對身體好的料理。

而看起來不健康，或是體格比較胖的人所點的料理，就能理解造成這種身材的因果關係。

喝酒時會想配油膩的東西。胖的人大致都會吃炸物等油膩的食物。還有人一邊喝酒，一邊肆無忌憚的吃甜食。最後在喝完啤酒之後，還喜歡再加上一碗拉麵。這樣卡路里是會爆表的。

減重的王道，是消耗的卡路里要多於攝取的量。如果卡路里的攝取量異常得多，只跑一點步也沒辦法減重，而且還有可能會影響到跑步。

馬拉松選手一定不可以攝取過剩的卡路里。除了要注意一餐的食量之外，也要注意自己飲食的嗜好才行。特別是在喝酒時，不可以毫無顧慮的一直塞自己想吃的東西到嘴裡。

狼吞虎嚥和烏鴉行水

世界上有許多急性子的人。這樣的人做甚麼都不喜歡花太多時間，做起事來總是乾淨俐落。但是急性子的人，如果想要跑全馬的話，「吃東西」和「洗澡」這兩件事上，要改掉急性子的習慣才行。

急性子的人，吃東西的時間也會很短促。時間短代表不好好咀嚼狼吞虎嚥的意思。不只是對跑者，慢慢咀嚼吃東西才會對身體好，這其實也是很一般的健康之道。

慢慢咀嚼的話，唾液中含有叫做澱粉酶的消化酵素，會和咀嚼過後的食物混合在一起，幫助消化和吸收。再加上，慢慢品嘗味道，才容易有飽足感，不會攝取過多卡路里。

我接觸過許多一流的跑者，也看過他（她）們平常生活的一面。他（她）們有一個共通點，就是吃飯所花的時間長。水準愈高的選手，坐在餐桌前的時間愈長。一流的跑者知道飲食的重要性，所以會盡量花時間去慢慢咀嚼。

「烏鴉行水」就是指洗澡時間短的人。急性子的人幾乎不泡澡，可惜了難得能消除疲勞的時間。

在不過熱的熱水裡浸個二十分鐘，讓身體暖和之後，血液循環自然變好。血液循環變好之後，也能很快地消除新陳代謝物，消除一天的疲勞。當然對跑步造成的肌肉痠痛也有療效。就算時間不多的人，至少也可以擠出二十分鐘吧。跑步當天晚上的泡澡要特別用心才行。

「烏鴉行水」還有其他不好的影響。只有淋浴的話，淋濕肌膚，反而會降低體溫。練習後疲倦的身體免疫力會稍微下降，這時再讓體溫下降的話很容易會感冒，也就是在洗澡過後身體容易發冷的意思。

建議在吃飯和洗澡上要改過急性子的缺點。

喝過多，吃太多

一切都要適量。工作也是，跑步也是，吃飯喝酒也是。

論語裡，有「過猶不及」一詞。凡事過頭的話，就跟做得不夠一樣的意思。人要經過大腦思考才行動。冷靜的看待自己、或是去思考，才能駕馭自己。但是酒的力量，難免會使你在腦裡和情緒上「如脫韁野馬般失去控制」。這種時候，往往會不小心做出過頭的行動。

過頭的行動，一定有逞強的部分。心情上的逞強以外，身體的逞強也是，就算有強韌的身體也無法持續太久。我們的身體一定會在哪裡反映並去修正逞強的部分。這個修正會以運動傷害、生病等等負面的現象表現出來。身體的構造就是如此精細。

現在，我們可以隨時品嘗到美味的食物，雖然變方便了，但相對的飲食生活也容易往不好的方向走去。

透過跑步鍛鍊，重新發現自己的身體。這樣的身體，如果朝向的是不正確的方向，身體也會跟著主人所想的方向前進。

要照自己的目標跑完一場全馬，重要的是要引領自己的身體朝往正確的方向。這就是身體的主人——你的重要工作。

後記

寫著原稿，不知不覺到了半夜。雨剛停，是一個寧靜的夜晚。冬天的腳步也近，聽不到蟲鳴叫了。

儘管時間晚了，在日本的各個地方，都有默默在跑步的人。東京都內跑步的「聖地」皇居周圍。在這裡，一年四季就算在半夜，也都看得到跑者的身影。

二〇〇七年二月十八日，在首都東京裡會舉辦了規模達三萬人的「東京馬拉松」。日本國內，目前大大小小的路跑賽超過二千場（包含十公里和半馬）。這些比賽有的是有電視轉播，只有頂尖選手能參加的錦標賽，有的是市民跑者能參加的路跑賽。

從頂尖選手到一般市民跑者齊聚一堂，過去在日本沒有這麼多大規模的都市型路跑賽。「東京馬拉松」可以說在各種意義上改寫了日本跑步界的歷史。

在二〇〇七年這麼值得紀念的第一屆大會裡，聽說為了出場資格，報名的人數暴增。據說針對三萬個出場資格，有將近十萬人報名。

在這十萬人裡面，我想應該有許多人從來沒有接觸過跑步，想藉著「東京馬拉松」為契機，開始跑起來。「東京馬拉松」也許是催出潛在跑者（偷偷抱著「想跑步的願望」，但現在沒有在跑步的人）的一個契機。參加一個擁有嶄新理念的大會，足以堂堂正正的向大家報告完跑宣言。

跑馬拉松，已經不再是運動選手或是部分喜好者的特權了。況且，迎接高齡化社會的現在，為了抗老化和健康開始跑步的人也增多。

在形容跑者時，常常會用「孤獨」、「堅忍克己」等等代表勤奮的字眼。其實勤奮就是「認真」的意思。只要是跑者，一定都有自己所訂定的目標。而且大家都會真摯的面對這個目標。

我似乎聽得到，在皇居「夜跑」的人靜悄悄的白色吐息。這些身影，似乎默默的代表著「跑步就是活著的證據」。

這本書，是寫給在全馬想要破4的初學者的一本教科書。在「比賽管理」的章節裡寫到在實戰時可以參考的配速例子，請大家多多參考。

這本書不只是給想要挑戰自己成績的人而已，也寫給想挑戰更短距離的比賽，或是為了健康想開始跑步的人，書裡提到許多跑步最基本的技術，相信對於已經開始用自己的模式跑步，或是正想要開始跑步的讀者來說，能派上用場。

最後，賜給我這次出書機會的光文社三宅貴久先生，支撐跑步俱樂部 Nippon Runners 的優秀菁英們，還有深愛著跑步的所有跑者們，在此獻上我最深的感謝之意。

金哲彥

從走路開始，全馬破 4 的路跑全攻略
3時間台で完走するマラソン

作者 金哲彥
譯者 葉東哲
總編輯 汪若蘭
責任編輯 蔡曉玲
行銷企畫 許凱鈞
封面設計 陳文德
內頁設計 張凱揚

發行人 王榮文
出版發行 遠流出版事業股份有限公司
地址 臺北市南昌路 2 段 81 號 6 樓
客服電話 02-2392-6899
傳真 02-2392-6658
郵撥 0189456-1
著作權顧問 蕭雄淋律師

2014 年 8 月 1 日 初版一刷
2019 年 2 月 1 日 二版一刷
定價 新台幣 320 元（如有缺頁或破損，請寄回更換）

ISBN 978-957-32-8426-0
遠流博識網 http://www.ylib.com E-mail: ylib@ylib.com

國家圖書館出版品預行編目 (CIP) 資料

從走路開始 , 全馬破 4 的路跑全攻略 / 金哲彥著 ;
葉東哲譯 . -- 二版 . -- 臺北市 : 遠流 , 2019.2
面 ; 公分
譯自 : 3 時間台で完走するマラソン
ISBN 978-957-32-8426-0(平裝)

1. 馬拉松賽跑 2. 運動訓練

528.9468 107021714
